하루 한 편, 30일 완성! 초등 글쓰기의

# 해결! 초등 글쓰기

## 고사성어 편

박수밀 지음 | 이탁근 그림

해결책
ANSWER KEY

## 글 박수밀

박수밀 선생님은 한양대학교 국어국문학과를 졸업하고 같은 학교 대학원에서 고전문학 전공으로 박사학위를 받았습니다. EBS 교양 프로그램 <한자야 놀자>를 진행했으며, 청소년 교육에도 관심이 많습니다. 고전 글쓰기와 생태 정신을 연구하는 한편으로, 고전 정신이 현 시대에 주는 의미를 중점적으로 탐구해 가고 있습니다. 현재 한양대학교에서 학생들을 가르치고 있습니다.
글쓰기에 관심이 많아 《연암 박지원의 글 짓는 법》, 《18세기 지식인의 생각과 글쓰기 전략》, 《과학기술 글쓰기》(공저)를 집필했습니다. 또한, 고전을 바탕으로 지금-여기와 소통하려는 노력으로 《탐독가들》, 《열하일기 첫걸음》, 《오우아 : 나는 나를 벗 삼는다》, 《옛 공부벌레들의 좌우명》, 《리더의 말공부》(공저), 《고전필사》를 썼습니다. 이 외에 교육에도 관심을 기울여 《기적의 한자 학습》(공저), 《박수밀의 알기 쉬운 한자 인문학》, 《기적의 명문장 따라쓰기》, 《살아있는 한자 교과서》(공저), 《글로 만나는 옛 생각 고전 산문》 등을 저술했습니다.

## 그림 이탁근

이탁근 작가는 일러스트레이션학교 HILLS에서 그림책을 배웠습니다. 작가 안에 살고 있는 어린이를 들여다보고, 신나는 이야기를 꺼내 그림으로 그리는 것을 좋아합니다. 쓰고 그린 책으로 《오늘도 멋진 동구》, 《기울어》, 《내가 코끼리처럼 커진다면》, 《도와줘! 한글 친구들 1, 2》 등이 있습니다.
dlxkrrms@empas.com

# 해결! 초등 글쓰기_고사성어 편

Solution! Writing for Elementary School Students: Story Involved Idioms


| | | | |
|---|---|---|---|
| **1판 1쇄 인쇄**<br>2021년 5월 7일 | **글**<br>박수밀 | **기획 및 책임편집**<br>해결책 콘텐츠 연구소 | **교정교열**<br>김혜영 |
| **1판 1쇄 발행**<br>2021년 5월 17일 | **그림**<br>이탁근 | **디자인**<br>스튜디오 서로 | **인쇄 대행**<br>공간코퍼레이션 |

| | | | |
|---|---|---|---|
| **발행처**<br>해결책 | **등록번호**<br>제 2017-000328호 | **전화**<br>02-337-2033 | **블로그**<br>blog.naver.com/answer_key |
| **발행인**<br>이수란 | **등록일자**<br>2017년 7월 17일 | **팩스**<br>02-6442-2011 | **인스타그램**<br>@lucky_answerkey |
| **주소**<br>서울시 마포구 양화로6길 57-6, 1층 | | **이메일**<br>answer_key@naver.com | **페이스북**<br>lucky.answerkey |

**가격**
13,000원

**ISBN**
979-11-91061-03-1 64700
**세트**
979-11-91061-02-4 64700

**Published by**
Answerkey, Inc.

**Printed in Korea**

# 머리말

"글쓰기 훈련도 되면서 유익한 교훈도 주는 책을 만들 수는 없을까?"

이 책은 이러한 고민을 디딤돌 삼아 만들었습니다. 암기 위주의 지식만 쌓다 보면 자칫 생각하는 사람이 되지 못하고 기계적으로 사고하는 인간에 머물기 쉽습니다. 그런데 고사성어에는 다양한 상황 가운데 선택하고 행동하는 인간들의 이야기가 담겨 있습니다. 우정과 사랑, 믿음과 용기 등 인간의 보편적인 가치가 잘 버무린 비빔밥처럼 녹아 있지요. 그야말로 시공간에 구애받지 않는 삶의 슬기가 반짝반짝 빛납니다.

그래서 생각했습니다. 단순히 네 글자의 뜻만을 암기하게 하지 않고, 이야기 속에 담긴 삶의 교훈과 지혜를 끄집어내어 글쓰기와 생각하기 훈련에 도움을 주면 어떨까? 그리고 기왕이면 관련된 뜻도 함께 배우면 어떨까? 이러한 목표를 이루기 위해 실무진과 머리를 맞대고 더 좋은 책을 만들기 위해 고민했습니다.

그리하여 이 책은 다음과 같은 점에 중점을 두었습니다.

첫째, 일상생활에서 자주 사용하는 고사성어를 골랐습니다. 수많은 고사성어 가운데 지금도 흔히 쓰고 있거나 교과서에 자주 나오는 것을 가려 뽑았습니다. 둘째, 무엇보다 '생각 훈련'에 도움이 되는 이야기를 골랐습니다. 오늘날 현실에서 적용할 수 있는 상황 또는 논술 소재로 충분히 활용 가능한 고사를 선택했습니다. 셋째, 생각하기 훈련을 통해 실제로 글쓰기 능력을 키울 수 있도록 구성했습니다. 고사성어를 꼼꼼하게 읽고 이야기가 주는 교훈을 잘 곱씹어 봄으로써 주제 파악 능력과 이해 능력을 키우도록 했습니다. 나아가 고사성어에 담긴 지혜를 실제의 삶과 현실에 적용해서 창의력과 판단 능력, 비판 능력을 기를 수 있도록 만들었습니다.

무엇보다 고사성어도 배우면서 생각 훈련과 쓰기 훈련이 동시에 이루어지도록 최선을 다했습니다. 고사성어 따라 쓰기, 꼼꼼 실력 다지기, 내용 깊게 파고들기, 생각을 키우는 논술 글쓰기 코너를 만들어 고사성어도 배우면서 창의력도 키우고 글쓰기 실력도 높이는 일석삼조(一石三鳥)의 효과를 거두도록 했습니다. 국어와 문학에 약한 이유는 본문에서 답을 찾지 않고 내 기존의 상식에 의지해 문제에 접근하기 때문입니다. 작품은 한 개인의 생각을 담은 것이므로 먼저는 작가의 의도를 파악한 다음에 해석 능력을 갖추어야 합니다. 질문한 내용을 본문에서 찾아내는 훈련을 하다 보면 국어 실력이 저절로 늘어날 것입니다. 꼼꼼 실력 다지기와 내용 깊게 파고들기 코너를 통해 본문을 잘 관찰하고 이해하는 능력을 키울 수 있습니다. 생각을 키우는 논술 글쓰기 코너에서는 논리력과 창의력, 비판 능력을 키우게 됩니다. 본문을 잘 읽고 나서 등장인물의 입장에서 판단해 보기도 하고 등장인물의 행동과 거꾸로 생각해 보기도 하고 등장인물의 행동을 비판해 보는 훈련을 하다 보면 나도 모르는 사이 창의력과 비판 능력이 쑥쑥 올라가 있을 것입니다.

모쪼록 독자 여러분들이 이 책을 통해 더 깊이 생각하고 더욱 좋은 글을 쓰는 사람으로 성장했으면 좋겠습니다. 아울러 따스한 마음을 기르고, 세상을 보는 안목과 지혜가 한 뼘 더 자라길 기원합니다.

**박 수 밀**

# 이 책의 구성과 활용

이 책은 총 6주 과정으로 이루어져 있으며 주마다 5개씩 총 30개의 고사성어를 실었습니다.

1주에서 6주로 갈수록 일상생활에서 가장 흔하게 쓰는 난도가 쉬운 고사성어부터 시작해 점점 어려운 순서로 배열하여, 고사성어와 글쓰기 공부를 차근차근 단계적으로 해 나갈 수 있도록 구성했습니다.

## 고사성어 이야기 파트

### 오늘의 고사성어

오늘 배울 고사성어를 크게 써서 알려 주고, 고사성어의 한자 뜻과 음도 보여 줍니다. 한자의 뜻과 음은 여러 가지 중 이야기에 맞게 쓰인 것을 따랐고, 한자의 서체에 따라 일부 한자는 세부 모양이 다를 수 있습니다. 하나하나 큰 소리로 읽으면 기억하는 데 큰 도움이 됩니다.

### 박쌤 평설

고전 전문가인 저자가 고사성어의 교훈이나 고사성어가 생기게 된 유래에 대해 비평과 첨언을 해 주어, 생각 훈련에 도움이 되도록 했습니다.

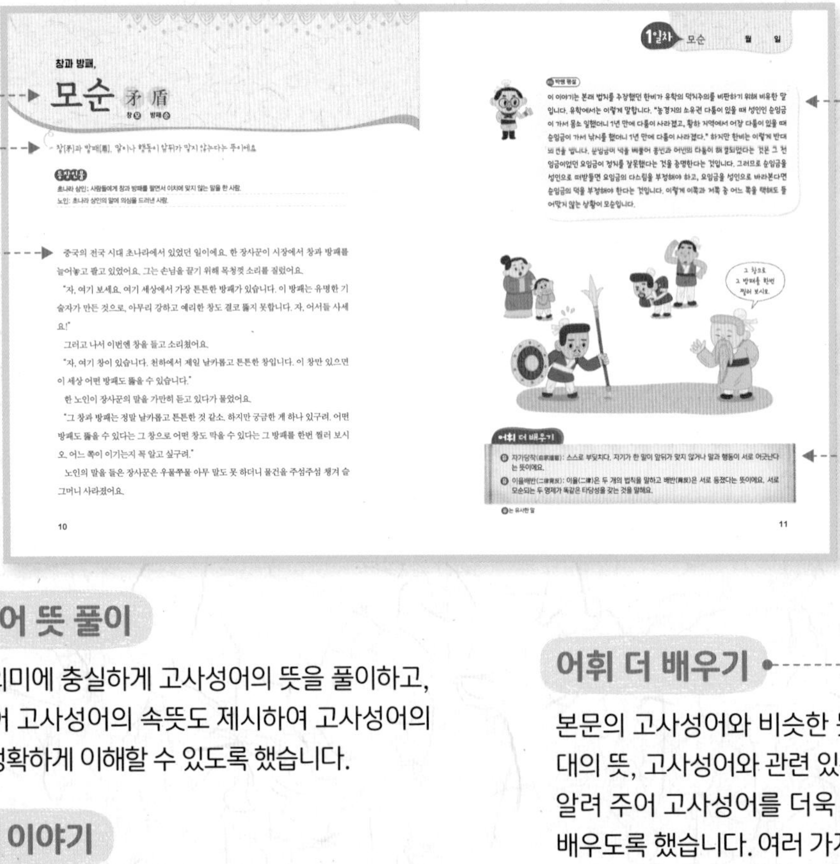
창과 방패,

모순 矛盾

창 모 방패 순

창(矛)과 방패(盾). 말이나 행동이 앞뒤가 맞지 않는다는 뜻이에요.

등장인물

초나라 상인: 사람들에게 창과 방패를 팔면서 이치에 맞지 않는 말을 한 사람.

노인: 초나라 상인의 말에 의심을 드러낸 사람.

중국의 전국 시대 초나라에서 있었던 일이에요. 한 장사꾼이 시장에서 창과 방패를 늘어놓고 팔고 있었어요. 그는 손님을 끌기 위해 목청껏 소리를 질렀어요.

"자, 여기 보세요. 여기 세상에서 가장 튼튼한 방패가 있습니다. 이 방패는 유명한 기술자가 만든 것으로, 아무리 강하고 예리한 창도 결코 뚫지 못합니다. 자, 어서들 사세요!"

그러고 나서 이번엔 창을 들고 소리쳤어요.

"자, 여기 창이 있습니다. 천하에서 제일 날카롭고 튼튼한 창입니다. 이 창만 있으면 이 세상 어떤 방패도 뚫을 수 있습니다."

한 노인이 장사꾼의 말을 가만히 듣고 있다가 물었어요.

"그 창과 방패는 정말 날카롭고 튼튼한 것 같소. 하지만 궁금한 게 하나 있구려. 어떤 방패도 뚫을 수 있다는 그 창으로 어떤 창도 막을 수 있다는 그 방패를 한번 찔러 보시오. 어느 쪽이 이기는지 꼭 알고 싶구려."

노인의 말을 들은 장사꾼은 우물쭈물 아무 말도 못 하더니 물건을 주섬주섬 챙겨 슬그머니 사라졌어요.

10

1일차 모순 월 일

박쌤 평설

이 이야기는 본래 법치를 주장했던 한비가 유학의 덕치주의를 비판하기 위해 비유한 말입니다. 유학에서는 이렇게 말합니다. "농경지의 소유권 다툼이 있을 때 성인인 순임금이 가서 몸소 일했더니 1년 만에 다툼이 사라졌고, 황하 지역에서 어장 다툼이 있을 때 순임금이 가서 낚시를 했더니 1년 만에 다툼이 사라졌다." 하지만 한비는 이렇게 반대의 견을 냅니다. 순임금이 덕을 베풀어 농민과 어민의 다툼이 해결되었다는 것은 그 전 임금이었던 요임금이 정치를 잘못했다는 것을 증명한다는 것입니다. 그러므로 순임금을 성인으로 떠받들면 요임금의 다스림을 부정해야 하고, 요임금을 성인으로 바라본다면 순임금의 덕을 부정해야 한다는 것입니다. 이렇게 이쪽과 저쪽 중 어느 쪽을 택해도 들어맞지 않는 상황이 모순입니다.



어휘 더 배우기

유 자가당착(自家撞着): 스스로 부딪치다. 자기가 한 말이 앞뒤가 맞지 않거나 말과 행동이 서로 어긋난다는 뜻이에요.

유 이율배반(二律背反): 이율(二律)은 두 개의 법칙을 말하고 배반(背反)은 서로 등졌다는 뜻이에요. 서로 모순되는 두 명제가 똑같은 타당성을 갖는 것을 말해요.

유는 유사한 말

11

### 고사성어 뜻 풀이

한자의 의미에 충실하게 고사성어의 뜻을 풀이하고, 바로 이어 고사성어의 속뜻도 제시하여 고사성어의 의미를 정확하게 이해할 수 있도록 했습니다.

### 어휘 더 배우기

본문의 고사성어와 비슷한 뜻이나 반대의 뜻, 고사성어와 관련 있는 속담을 알려 주어 고사성어를 더욱 풍부하게 배우도록 했습니다. 여러 가지 관련 어휘를 배움으로써 어휘력이 일취월장하게 됩니다.

### 고사성어 이야기

고사성어에 담긴 이야기를 이해하기 쉽도록 등장인물을 소개했으며, 핵심적인 줄거리 위주로 간결하고 재미있게 이야기를 전개했습니다.

# 글쓰기 활동 파트

## 고사성어 따라 쓰기

앞에서 배운 고사성어의 겉뜻과 속뜻을 천천히 손으로 직접 쓰며, 마음에 깊이 새기도록 했습니다. 손으로 쓰다 보면 생각이 차분하게 정리되고 집중력도 쑥쑥 커집니다.

## 내용 깊게 파고들기

본문에서 직접 질문의 답을 찾는 훈련을 할 수 있도록 설계했습니다. 본문을 꼼꼼히 반복해 읽고 답을 찾는 훈련을 반복하면 국어 독해 실력을 키울 수 있습니다.

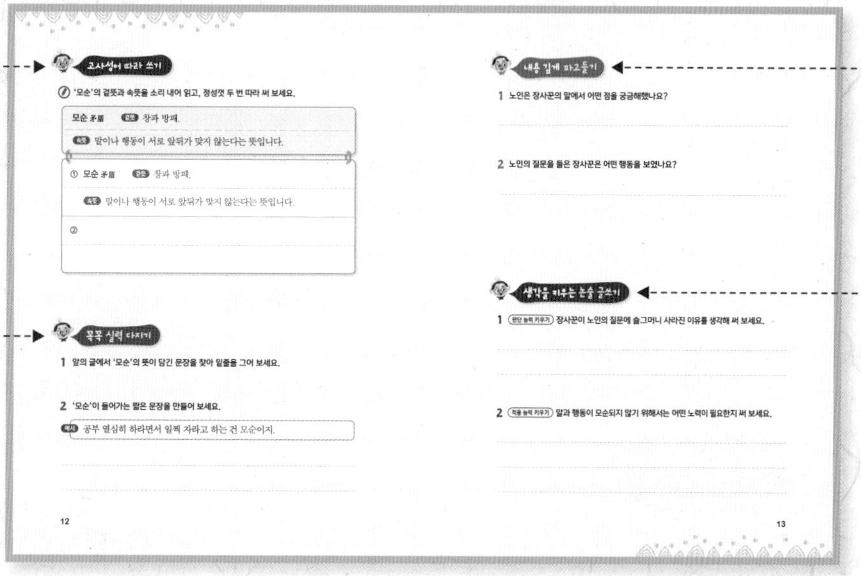

고사성어 따라 쓰기

'모순'의 겉뜻과 속뜻을 소리 내어 읽고, 정성껏 두 번 따라 써 보세요.

모순 矛盾 겉뜻 창과 방패.

속뜻 말이나 행동이 서로 앞뒤가 맞지 않는다는 뜻입니다.

① 모순 矛盾 겉뜻 창과 방패.

속뜻 말이나 행동이 서로 앞뒤가 맞지 않는다는 뜻입니다.

②

꼭꼭 실력 다지기

1 앞의 글에서 '모순'의 뜻이 담긴 문장을 찾아 밑줄을 그어 보세요.

2 '모순'이 들어가는 짧은 문장을 만들어 보세요.

예시 공부 열심히 하라면서 일찍 자라고 하는 건 모순이지.

12

내용 깊게 파고들기

1 노인은 장사꾼의 말에서 어떤 점을 궁금해했나요?

2 노인의 질문을 들은 장사꾼은 어떤 행동을 보였나요?

생각을 키우는 논술 글쓰기

1 (판단 능력 키우기) 장사꾼이 노인의 질문에 슬그머니 사라진 이유를 생각해 써 보세요.

2 (적용 능력 키우기) 말과 행동이 모순되지 않기 위해서는 어떤 노력이 필요한지 써 보세요.

13

## 꼭꼭 실력 다지기

본문에서 고사성어의 뜻이 담긴 문장을 찾는 훈련을 통해 주제문을 찾는 능력을 기르고 고사성어가 들어가는 짧은 문장을 지어 일상생활에서 응용할 수 있도록 했습니다.

## 생각을 키우는 논술 글쓰기

본문의 내용을 읽고 실제로 글쓰기 훈련을 할 수 있도록 구성한 코너입니다. 주제 파악 능력 키우기, 적용 능력 키우기, 이해 능력 키우기, 판단 능력 키우기, 비판 능력 키우기, 등장인물의 입장 되어 보기, 창의력 키우기 등을 통해 논술 쓰기 능력과 국어 학습 능력이 향상되도록 했습니다.

# 목차

## 1주

## 2주

## 3주

## 4주

## 5주



## 6주

# 30일 완성! 학습 계획표

이 책은 하루 30분, 30일, 6주 분량으로 구성되었습니다. 매일매일 조금의 시간 투자로 여러분의 생각하는 능력과 글쓰기 능력이 동시에 향상될 수 있습니다. 하루 중 시간을 정해 놓고 공부하는 것을 추천합니다. 이 학습 계획표는 추천일 뿐, 각 학습자의 학습 능력과 상황에 맞게 조정해서 사용해 주셔도 좋습니다.

나의 공부 시간 ________ 시 ________ 분

| | | | | | | |
|---|---|---|---|---|---|---|
| 1주 | 1일차 ☐ | 2일차 ☐ | 3일차 ☐ | 4일차 ☐ | 5일차 ☐ | 고사성어<br>실력 확인 ①<br>30쪽 |
| | • 모순<br>• 글쓰기 활동<br>10~13쪽 | • 좌우명<br>• 글쓰기 활동<br>14~17쪽 | • 조삼모사<br>• 글쓰기 활동<br>18~21쪽 | • 대기만성<br>• 글쓰기 활동<br>22~25쪽 | • 맹모삼천<br>• 글쓰기 활동<br>26~29쪽 | |
| 2주 | 6일차 ☐ | 7일차 ☐ | 8일차 ☐ | 9일차 ☐ | 10일차 ☐ | 고사성어<br>실력 확인 ②<br>52쪽 |
| | • 기우<br>• 글쓰기 활동<br>32~35쪽 | • 사족<br>• 글쓰기 활동<br>36~39쪽 | • 백미<br>• 글쓰기 활동<br>40~43쪽 | • 과유불급<br>• 글쓰기 활동<br>44~47쪽 | • 각주구검<br>• 글쓰기 활동<br>48~51쪽 | |
| 3주 | 11일차 ☐ | 12일차 ☐ | 13일차 ☐ | 14일차 ☐ | 15일차 ☐ | 쉬어 가는<br>고사성어<br>이야기<br>- 순망치한<br>74쪽 |
| | • 등용문<br>• 글쓰기 활동<br>54~57쪽 | • 결초보은<br>• 글쓰기 활동<br>58~61쪽 | • 새옹지마<br>• 글쓰기 활동<br>62~65쪽 | • 어부지리<br>• 글쓰기 활동<br>66~69쪽 | • 다다익선<br>• 글쓰기 활동<br>70~73쪽 | |
| 4주 | 16일차 ☐ | 17일차 ☐ | 18일차 ☐ | 19일차 ☐ | 20일차 ☐ | 내 맘대로<br>고사성어<br>바꾸기<br>96쪽 |
| | • 난형난제<br>• 글쓰기 활동<br>76~79쪽 | • 오십보백보<br>• 글쓰기 활동<br>80~83쪽 | • 화룡점정<br>• 글쓰기 활동<br>84~87쪽 | • 형설지공<br>• 글쓰기 활동<br>88~91쪽 | • 배수진<br>• 글쓰기 활동<br>92~95쪽 | |
| 5주 | 21일차 ☐ | 22일차 ☐ | 23일차 ☐ | 24일차 ☐ | 25일차 ☐ | 고사성어<br>실력 확인 ③<br>118쪽 |
| | • 관포지교<br>• 글쓰기 활동<br>98~101쪽 | • 삼고초려<br>• 글쓰기 활동<br>102~105쪽 | • 사면초가<br>• 글쓰기 활동<br>106~109쪽 | • 우공이산<br>• 글쓰기 활동<br>110~113쪽 | • 와신상담<br>• 글쓰기 활동<br>114~117쪽 | |
| 6주 | 26일차 ☐ | 27일차 ☐ | 28일차 ☐ | 29일차 ☐ | 30일차 ☐ | 고사성어<br>말하기<br>140쪽 |
| | • 괄목상대<br>• 글쓰기 활동<br>120~123쪽 | • 지록위마<br>• 글쓰기 활동<br>124~127쪽 | • 호가호위<br>• 글쓰기 활동<br>128~131쪽 | • 마부작침<br>• 글쓰기 활동<br>132~135쪽 | • 단사표음<br>• 글쓰기 활동<br>136~139쪽 | |

* 오른쪽 회색 부분 활동은 각 주차별 마지막 날이나 주말에 합니다.

# 1주

# 고사성어 익히고, 글쓰기 활동하기

1일차 모순 矛盾

2일차 좌우명 座右銘

3일차 조삼모사 朝三暮四

4일차 대기만성 大器晩成

5일차 맹모삼천 孟母三遷

창과 방패,

# 모순 矛 盾

창 모 방패 순

창[矛]과 방패[盾]. 말이나 행동이 앞뒤가 맞지 않는다는 뜻이에요.

**등장인물**

**초나라 상인:** 사람들에게 창과 방패를 팔면서 이치에 맞지 않는 말을 한 사람.

**노인:** 초나라 상인의 말에 의심을 드러낸 사람.

중국의 전국 시대 초나라에서 있었던 일이에요. 한 장사꾼이 시장에서 창과 방패를 늘어놓고 팔고 있었어요. 그는 손님을 끌기 위해 목청껏 소리를 질렀어요.

"자, 여기 보세요. 여기 세상에서 가장 튼튼한 방패가 있습니다. 이 방패는 유명한 기술자가 만든 것으로, 아무리 강하고 예리한 창도 결코 뚫지 못합니다. 자, 어서들 사세요!"

그러고 나서 이번엔 창을 들고 소리쳤어요.

"자, 여기 창이 있습니다. 천하에서 제일 날카롭고 튼튼한 창입니다. 이 창만 있으면 이 세상 어떤 방패도 뚫을 수 있습니다."

한 노인이 장사꾼의 말을 가만히 듣고 있다가 물었어요.

"그 창과 방패는 정말 날카롭고 튼튼한 것 같소. 하지만 궁금한 게 하나 있구려. 어떤 방패도 뚫을 수 있다는 그 창으로 어떤 창도 막을 수 있다는 그 방패를 한번 찔러 보시오. 어느 쪽이 이기는지 꼭 알고 싶구려."

노인의 말을 들은 장사꾼은 우물쭈물 아무 말도 못 하더니 물건을 주섬주섬 챙겨 슬그머니 사라졌어요.

박쌤 평설

이 이야기는 본래 법치를 주장했던 한비가 유학의 덕치주의를 비판하기 위해 비유한 말입니다. 유학에서는 이렇게 말합니다. "농경지의 소유권 다툼이 있을 때 성인인 순임금이 가서 몸소 일했더니 1년 만에 다툼이 사라졌고, 황하 지역에서 어장 다툼이 있을 때 순임금이 가서 낚시를 했더니 1년 만에 다툼이 사라졌다." 하지만 한비는 이렇게 반대 의견을 냅니다. 순임금이 덕을 베풀어 농민과 어민의 다툼이 해결되었다는 것은 그 전 임금이었던 요임금이 정치를 잘못했다는 것을 증명한다는 것입니다. 그러므로 순임금을 성인으로 떠받들면 요임금의 다스림을 부정해야 하고, 요임금을 성인으로 바라본다면 순임금의 덕을 부정해야 한다는 것입니다. 이렇게 이쪽과 저쪽 중 어느 쪽을 택해도 들어맞지 않는 상황이 모순입니다.

## 어휘 더 배우기

- 유 **자가당착(自家撞着)**: 스스로 부딪치다. 자기가 한 말이 앞뒤가 맞지 않거나 말과 행동이 서로 어긋난다는 뜻이에요.
- 유 **이율배반(二律背反)**: 이율(二律)은 두 개의 법칙을 말하고 배반(背反)은 서로 등졌다는 뜻이에요. 서로 모순되는 두 명제가 똑같은 타당성을 갖는 것을 말해요.

유는 유사한 말

## 고사성어 따라 쓰기

'모순'의 겉뜻과 속뜻을 소리 내어 읽고, 정성껏 두 번 따라 써 보세요.

**모순 矛盾** 겉뜻 창과 방패.

속뜻 말이나 행동이 서로 앞뒤가 맞지 않는다는 뜻입니다.

① **모순 矛盾** 겉뜻 창과 방패.

속뜻 말이나 행동이 서로 앞뒤가 맞지 않는다는 뜻입니다.

②

## 꼭꼭 실력 다지기

**1** 앞의 글에서 '모순'의 뜻이 담긴 문장을 찾아 밑줄을 그어 보세요.

**2** '모순'이 들어가는 짧은 문장을 만들어 보세요.

예시 공부 열심히 하라면서 일찍 자라고 하는 건 모순이지.

## 내용 깊게 파고들기

1 노인은 장사꾼의 말에서 어떤 점을 궁금해했나요?

2 노인의 질문을 들은 장사꾼은 어떤 행동을 보였나요?

## 생각을 키우는 논술 글쓰기

1 (판단 능력 키우기) 장사꾼이 노인의 질문에 슬그머니 사라진 이유를 생각해 써 보세요.

2 (적용 능력 키우기) 말과 행동이 모순되지 않기 위해서는 어떤 노력이 필요한지 써 보세요.

자리 오른쪽에 새기다,

# 좌우명 座右銘

자리 좌 오른쪽 우 새길 명

자리[座] 옆[右]에 새긴 글[銘]. 자리 오른쪽에 새겨 놓고 생활의 지침으로 삼는 말이나 구절을 의미해요.

**등장인물**

**환공:** 제나라의 15대 군주. 제나라를 아주 강한 나라로 만든 인물.

**공자:** 중국 노나라 사람. 유학에서 가장 위대한 성인으로 떠받드는 사람.

중국의 제나라 환공은 평소에 특별한 항아리를 만들어서 곁에 두고 지냈어요. 그 항아리는 텅 비어 있을 때는 기울어져 있다가 술을 반쯤 담으면 바로 서고, 술을 가득 채우면 다시 기울어졌어요. 사람들은 술 항아리를 신기해했어요. 환공이 세상을 떠나고 나서 그를 위한 사당을 세우고 각종 제사 그릇과 함께 술 항아리도 벌여 놓았어요.

하루는 공자가 제자들과 함께 환공의 사당에 들렀어요. 신기한 항아리에 대해 이미 알고 있었던 공자는 술 항아리를 여기저기 찾아보았으나 다 비슷비슷해서 찾기가 힘들었어요. 공자는 사당을 지키는 관리에게 물었어요.

"이 사당에 신기한 항아리가 있다고 들었네. 어느 것인가?"

"저기 끝에 있는 항아리입니다."

그 항아리를 본 공자는 무릎을 탁 쳤어요.

"아! 저것이 바로 제나라 환공이 의자 가까이에 두고 가득 채우는 것을 경계했다던 그 항아리로구나!"

공자는 제자들에게 물을 길어와 그 항아리를 채워 보도록 했어요. 과연 그 항아리는 처음엔 비스듬히 기울어 있다가 물이 반쯤 차오르자 바로 섰어요. 하지만 물을 가득 채우자 다시 옆으로 비스듬히 쓰러졌어요. 그 모습을 본 공자가 제자들에게 말했어요.

"제자들아, 명심해라. 배움도 이와 같단다. 다 배웠다고 교만해지면 다시 쓰러진 항아리와 같이 반드시 재앙을 당하게 되는 법이니라."

집으로 돌아온 공자는 똑같은 항아리를 만들어 항상 의자 옆에 세워 두고 자신을 반성하고 살폈어요.

**박쌤 평설**

좌우명이 있다는 것은 삶에 분명한 방향과 목표가 있는 것입니다. 좌우명을 가진 사람은 깜깜한 어둠 속에서도 쉽게 포기하거나 쓰러지지 않고 미래를 믿고 살아갈 수 있습니다. 어린이 여러분도 나만의 좌우명을 만들어 보세요.

**어휘 더 배우기**

유 신조(信條): 반드시 지키겠다고 결심해서 마음속에 새긴 굳은 맹세를 말해요.

유 모토(motto): 일상의 행동이나 태도에서 지침이 되는 것을 말해요.

유는 유사한 말

## 고사성어 따라 쓰기

'좌우명'의 겉뜻과 속뜻을 소리 내어 읽고, 정성껏 두 번 따라 써 보세요.

**좌우명 座右銘** 겉뜻 자리 옆에 새긴 글.

속뜻 자리 가까운 곳에 새기고 생활의 지침으로 삼는 말이나 구절을 의미합니다.

①

②

## 꼭꼭 실력 다지기

**1** 앞의 글에서 '좌우명'의 속뜻이 담긴 문장을 찾아 밑줄을 그어 보세요.

**2** '좌우명'이 들어가는 짧은 문장을 만들어 보세요.

예시 '진실하게 살자'는 나의 좌우명이다.

## 내용 깊게 파고들기

1 사람들은 왜 환공의 항아리를 신기해했을까요?

2 공자가 환공의 사당에 들러 항아리를 찾은 이유는 무엇인가요?

## 생각을 키우는 논술 글쓰기

1 (이해 능력 키우기) 술 항아리의 물을 반쯤 채우면 바로 서고, 가득 채우면 다시 쓰러지는 것은 인간의 어떤 태도를 비유한 것일까요?

2 (적용 능력 키우기) 나의 좌우명은 무엇인가요? 만약 없다면 좌우명을 만들어 써 보세요.

원숭이를 속인 저공,

# 조삼모사 朝三暮四

아침 조 셋 삼 저녁 모 넷 사

아침[朝]에는 세 개[三], 저녁[暮]에는 네 개[四]. 당장 눈앞의 이익만 생각하고 그 결과가 같다는 사실을 모르는 것을 말해요. 얕은 꾀로 남을 속인다는 뜻으로도 쓰여요.

**등장인물**

**저공:** 원숭이를 키우는 송나라 사람. 원숭이를 무척 좋아함.

**원숭이들:** 저공의 먹이와 돌봄에 의지하며 사는 동물들.

송나라에 저공이란 사람이 살고 있었어요. 저공은 원숭이를 무척 아끼고 좋아했어요. 가족의 끼니를 줄여서라도 원숭이는 배불리 먹였어요. 저공은 원숭이의 마음을 잘 이해했고, 원숭이들도 저공의 마음을 잘 알고 고맙게 생각했어요.

그런데 원숭이가 한 마리, 두 마리 늘어나자 먹이가 거의 떨어지게 되었어요. 먹이를 줄이고 싶었지만, 원숭이들이 화를 내며 자신을 따르지 않으면 어쩌나 걱정이 되었어요. 고민하던 저공은 한 가지 결심을 했어요. 저공은 자신이 돌보는 모든 원숭이를 불러 모았어요.

"오늘부터 너희들에게 도토리를 아침에는 세 개, 저녁에는 네 개씩 주겠다. 어떠냐?"

이 말을 들은 원숭이들은 모두 벌떡 일어나 불같이 화를 냈어요.

잠시 후에 저공이 다시 말했어요.

"그렇다면 아침에 네 개, 저녁에 세 개씩 주겠다. 어떠냐?"

그러자 원숭이들은 모두 엎드리며 좋아했어요.

박쌤 평설

이 이야기에 대해 《열자》에서는 성인이 교묘한 술책으로 어리석은 인간을 마음대로 이용하는 것이 저공이 꾀를 내어 원숭이들을 속이는 것과 같다고 말합니다. 또, 《장자》에서는 옳고 그름에 집착하는 자가 이치를 꿰뚫어 보지 못하면 결국 똑같은 것임을 알지 못한다고 말합니다. 결과적으로는 손해 보는 일임에도 그 사실을 알지 못하고, 당장의 욕심에 눈이 멀어 일이 잘못되는 경우가 세상에는 참 많습니다. 진실을 잘 보려면 손끝을 보아서는 안 되고 손끝이 가리키는 곳을 볼 수 있어야 합니다.

## 어휘 더 배우기

유 감언이설(甘言利說): 달콤한 말과 이로운 말. 남의 비위에 맞추도록 꾸미거나 이로운 조건을 내세워 그럴 듯하게 꾸미는 것이에요.

속 눈 가리고 아웅 하기: 매우 얕은 수로 남을 속이려는 것이에요.

유는 유사한 말, 속은 속담

## 고사성어 따라 쓰기

'조삼모사'의 겉뜻과 속뜻을 소리 내어 읽고, 정성껏 두 번 따라 써 보세요.

**조삼모사 朝三暮四** 겉뜻 아침에 세 개, 저녁에 네 개.

속뜻 당장 눈앞의 이익만 생각하고 그 결과가 같다는 사실은 모르는 것을 뜻합니다.

①

②

## 꼭꼭 실력 다지기

**1** 앞의 글에서 '조삼모사'의 뜻이 담긴 문장을 찾아 밑줄을 그어 보세요.

**2** '조삼모사'가 들어가는 짧은 문장을 만들어 보세요.

예시 문제를 근본적으로 해결하지 않고 조삼모사로 넘기려 하지 마.

## 내용 깊게 파고들기

1 원숭이에게 줄 먹이가 떨어지자 저공은 무엇을 걱정했나요?

2 도토리를 아침에 세 개, 저녁에 네 개씩 주겠다는 저공의 말에 원숭이들은 왜 화를 냈나요?

## 생각을 키우는 논술 글쓰기

1 (비판 능력 키우기) '조삼모사'의 방법으로 원숭이들을 기쁘게 만든 저공의 꾀에 대해 어떻게 생각하나요?

2 (적용 능력 키우기) 눈앞의 이익을 좇다가 손해를 본 경험이 있다면 써 보세요.

큰 종이 쉬이 만들어지리,

# 대기만성 大器晩成

큰 대 그릇 기 늦을 만 이룰 성

큰 그릇[大器]은 늦게[晩] 이루어진다[成]. 큰 사람이 되기 위해서는 많은 노력과 시간이 필요하다는 뜻이에요.

**등장인물**

**최염:** 위나라의 장수. 마음이 넓고 인격이 훌륭해서 널리 존경받는 인물.

**최림:** 최염의 사촌 동생. 똑똑하지도 않고 말주변도 신통치 않은 인물.

위나라에 최염이라는 장수가 있었어요. 최염은 마음이 넓고 인격이 훌륭하여 주위 사람들로부터 항상 존경을 받았어요. 의리도 깊어서 위나라 왕인 조조도 최염을 깊이 믿고 의지했어요.

그러나 최염의 사촌 동생인 최림은 최염과 완전히 다른 사람이었어요. 최염처럼 영리하지도 않았고 인품도 훌륭하지 못했어요. 말재주도 신통치 않아서 출세의 길도 열리지 않았어요. 언제나 최염의 그늘에 가려져 있었지요. 친구들은 물론 친척들도 최림을 눈 밖에 두고 비웃었어요. 하지만 최염은 최림이 언젠가는 크게 쓰일 인물임을 꿰뚫어 보았어요.

"큰 종이나 큰 솥은 쉽게 만들어지지 않는다. 마찬가지로 큰 재능 또한 쉽사리 완성되지 않는 법이다. 재능이 제대로 완성되어 제 몫을 다 하려면 많은 시간이 필요하다. 내 아우인 최림도 큰 그릇이라서 늦게 이루어질 뿐이니, 훗날 반드시 큰 인물이 될 것이다."

훗날 최염의 말대로 과연 최림은 고위 관직에 올라 황제를 모시는 큰 임무를 훌륭히 해내는 큰 인물이 되었어요.

박쌤 평설

《노자》 41장에도 다음과 같은 말이 있습니다. "아주 밝은 도는 어두워 보이고 앞으로 빨리 나아가는 도는 뒤로 물러가는 것처럼 보인다. 가장 평평한 도는 굽어 보이고 가장 높은 덕은 낮은 것처럼 보인다. 아주 흰 빛은 검은 것 같고 아주 넓은 덕은 한쪽이 찌그러져 보인다. 아주 건실한 도는 빈약해 보이고 아주 질박한 도는 어리석어 보인다. 그러므로 아주 큰 네모는 모퉁이가 없으며 아주 큰 그릇은 늦게 이루어진다. 아주 큰 소리는 들을 수 없으며 너무 큰 형상은 모양이 없다."
사람이 장차 어떻게 될지는 아무도 모릅니다. 처음에는 별것 없지만 나중에 크게 되는 사람도 많습니다. 위대하고 훌륭할수록 처음엔 소박하고 평범해 보입니다. 작은 애벌레가 멋진 나비가 되듯이, 처음은 작고 초라해 보이지만 시련과 인내의 과정을 반복하면서 우리 삶은 점차 완성되어 갑니다.

## 어휘 더 배우기

**반** 용두사미(龍頭蛇尾): 머리는 용이나 꼬리는 뱀이란 뜻으로, 처음은 좋으나 끝이 좋지 않다는 뜻이에요.

**반속** 될성부른 나무는 떡잎부터 알아본다: 크게 될 사람은 어릴 적부터 남다르다는 뜻으로, 좋은 결과가 기대되는 일은 처음부터 잘된다는 뜻이에요.

반 은 반대말, 반속 은 반대 속담

## 고사성어 따라 쓰기

'대기만성'의 겉뜻과 속뜻을 소리 내어 읽고, 정성껏 두 번 따라 써 보세요.

**대기만성 大器晩成** 겉뜻 큰 그릇은 늦게 이루어진다.

속뜻 큰 사람이 되기 위해서는 많은 노력과 시간이 필요하다는 뜻입니다.

①

②

## 꼭꼭 실력 다지기

**1** 앞의 글에서 '대기만성'의 속뜻이 담긴 문장을 찾아 밑줄을 그어 보세요.

**2** '대기만성'이 들어가는 짧은 문장을 만들어 보세요.

예시 그는 오랜 무명 생활 끝에 마흔 살에 인기를 얻은 대기만성의 배우이다.

## 내용 깊게 파고들기

**1** 최염은 왜 사람들로부터 존경을 받았나요?

**2** 최림이 사람들로부터 놀림을 받은 이유는 무엇인가요?

## 생각을 키우는 논술 글쓰기

**1** (적용 능력 키우기) 내 주위나 역사 속 인물 중 대기만성에 속하는 인물을 찾아 간단히 소개해 보세요.

**2** (판단 능력 키우기) '큰 그릇은 늦게 이루어진다'는 말과 '될성부른 나무는 떡잎부터 알아본다'는 말 중, 어느 쪽이 더 맞다고 생각하는지 이유와 함께 써 보세요.

맹자 어머니가 세 번 이사하다,

# 맹모삼천 孟 母 三 遷

맏이 맹 어머니 모 셋 삼 옮길 천

맹자의 어머니가[孟母] 세 번[三] 이사 가다[遷]. 교육에는 주변 환경이 중요하다는 뜻이에요.

**등장인물**

**맹자:** 공자의 유학을 계승하여 공자와 더불어 유학의 성인으로 불림.

**맹자 어머니:** 맹자를 훌륭한 인물로 키우기 위해 열심히 뒷바라지함.

맹자는 공자의 정통 유학을 잘 잇고 발전시킨 분이에요. 맹자는 어린 나이에 아버지를 잃고 홀어머니 아래서 컸어요. 맹자의 어머니는 자식 교육에 대해 관심이 많아서 맹자를 훌륭한 인물로 키우고 싶었어요.

맹자 어머니는 처음에는 공동묘지 근처에서 살았어요. 그러자 맹자는 매일 친구들과 어울리며 묘지를 파거나 사람이 죽으면 크게 소리 내어 우는 흉내를 내며 놀았어요.

"아이고, 아이고. 이제 가면 언제 오나. 아이고, 아이고."

맹자의 어머니는 기가 막혔어요. 이래서는 안 되겠다고 생각해서 즉시 짐을 꾸려 이사를 갔어요.

두 번째로 이사한 곳은 시장 근처였어요. 그러자 맹자는 이번에는 물건 파는 장사꾼 흉내를 내며 놀았어요.

"쌉니다, 싸요. 얼른 하나 사세요."

이러다간 자식이 큰 사람이 될 수 없겠다고 생각했어요. 맹자 어머니는 다시 짐을 꾸려 세 번째로 이사를 갔어요.

그곳은 서당 근처였어요. 그러자 맹자는 날마다 책을 펴고 글을 읽거나, 제사 때 쓰는

그릇을 늘어놓고 제사 예절 흉내를 내며 놀았어요.

"하늘 천 땅 지 검을 현 누를 황……."

맹자의 어머니는 그제야 아들을 가르치기에 알맞은 곳이라 여겨 더없이 기뻐했어요.

**박쌤 평설**

오늘날에도 자식 교육을 위해 좋은 곳으로 이사를 하곤 합니다. 맹자 어머니는 자식을 올바른 사람으로 키우기 위해 이사했지만, 지금의 어떤 부모님들은 자녀의 성적을 올리기 위해 이사를 합니다. 수단은 같아도 목적이 다릅니다. 진정한 자녀 교육이 무엇인지, 맹자 어머니가 그 답을 말해 주고 있습니다.

## 어휘 더 배우기

- 유 **맹모단기(孟母斷機)**: 맹자 어머니가 베를 끊다. 맹자가 배움을 중단하고 돌아왔을 때 맹자 어머니가 짜던 베를 잘라서 배움을 중간에 그만둔 것을 타이른 것을 말해요.
- 유 **마중지봉(麻中之蓬)**: 삼밭에 나는 쑥이라는 뜻으로, 삼밭에 나는 쑥은 자연히 곧게 자라게 되는 것처럼 좋은 환경에 있으면 그 영향으로 자연히 좋게 되는 것을 말해요.

유는 유사한 말

## 고사성어 따라 쓰기

'맹모삼천'의 겉뜻과 속뜻을 소리 내어 읽고, 정성껏 두 번 따라 써 보세요.

**맹모삼천 孟母三遷** 겉뜻 맹자 어머니가 세 번 이사 가다.

속뜻 교육에는 주변 환경이 중요하다는 뜻입니다.

①

②

## 꼭꼭 실력 다지기

**1** 앞의 글에서 '맹모삼천'의 뜻이 담긴 문장을 찾아 밑줄을 그어 보세요.

**2** '맹모삼천'이 들어가는 짧은 문장을 만들어 보세요.

예시 맹모삼천의 심정으로 더 좋은 학군으로 이사를 갔다.

## 내용 깊게 파고들기

1 맹자 어머니는 왜 세 번이나 이사를 갔나요?

2 맹자 어머니가 서당 근처로 이사하고 나서 기뻐한 이유는 무엇인가요?

## 생각을 키우는 논술 글쓰기

1 (창의력 키우기) 맹자는 가는 곳마다 그곳의 분위기에 휩쓸렸어요. 주변 환경에 아랑곳하지 않고 공부할 수 있는 방법에는 무엇이 있는지 써 보세요.

2 (비판 능력 키우기) 아들의 교육을 위해 여기저기 이사를 다닌 맹자 어머니의 행동에 대해 어떻게 생각하나요?

## 고사성어 실력 확인 ①

**1** 이번 주에 배운 고사성어로 사행시를 지어 보세요.

대 :

기 :

만 :

성 :

맹 :

모 :

삼 :

천 :

**2** 다음 상황에 맞는 고사성어를 써 보세요.

답

# 2주

# 고사성어 익히고, 글쓰기 활동하기

### 땅이 꺼지면 어찌 될까,

# 기우 杞憂

기나라 기 근심 우

기나라[杞] 사람의 걱정[憂]. 쓸데없는 걱정을 뜻해요.

**등장인물**

**기나라 사람:** 걱정이 과하게 많은 사람.

**친구:** 기나라 사람을 걱정하고 위해 주는 사람.

기나라에 한 사람이 살고 있었어요. 기나라 사람은 항상 근심 걱정이 많았어요. 머리 위의 하늘이 무너져 내리면 어쩌나, 땅이 푹 꺼지면 어디에 발을 디뎌야 하나 걱정했지요. 근심이 점점 심해지자 밥도 제대로 먹지 못하고 잠도 자지 못하는 상황이 되었어요. 얼굴은 점점 까칠해지고 끝내 몸져 눕고 말았어요. 그때 기나라 사람을 걱정해 주는 친구가 있었어요. 친구는 누워 있는 그를 찾아갔어요.

"이보게. 하늘이란 기운이 쌓인 것이고, 기운이 없는 곳은 한 군데도 없네. 우리가 몸을 구부렸다 폈다 하거나 숨을 내쉬고 들이쉬는 것도 다 이 기운 속에서 하는 것이지. 그런데 어찌 하늘이 무너질 것을 걱정하는가?"

기나라 사람은 여전히 근심하며 말했어요.

"하늘이 기운이 쌓인 것이라면 해와 달도 떨어질 수 있겠군."

"해와 달도 기운이 쌓인 속에서 빛을 내는 것이라네. 그러니 혹 떨어진다고 해도 사람을 다치게 할 일은 없을 게야."

"땅은 꺼질 수도 있지 않겠나?"

"땅이란 흙덩이가 쌓여 있는 걸세. 온 세상에 가득 차 있어서 흙덩이가 없는 데가 없지. 사람이 머물고 걷고 밟고 뛰고 하는 것도 모두 이 흙덩이 위에서 하는 것이란 말일세. 그런데 어찌 땅이 꺼질 것을 걱정하는가?"

그제야 기나라 사람은 환하게 웃으며 기뻐 어쩔 줄 몰랐어요. 친구도 함께 웃으며 기뻐했어요.

**박쌤 평설**

근심은 정신 건강만 해칠 뿐 문제 해결에는 도움을 주지 못합니다. 근심은 자동차 기어를 중립에 놓고 가속 페달을 밟아 소리만 크게 날 뿐 앞으로 나아가지 않는 것과 같습니다. 근심 가운데 90퍼센트는 실제로 일어나지 않는다는 연구 결과도 있습니다. 내일 일은 내일 맡기고, 오늘을 성실하게 사는 태도가 좋습니다.

## 어휘 더 배우기

- 유 배중사영(杯中蛇影): 술잔 속에 비친 뱀의 그림자. 술잔 속에 비친 활 그림자를 뱀으로 오해한 데서 나온 이야기로, 쓸데없이 의심하고 지나치게 근심하는 것을 말해요.
- 유 노파심(老婆心): 할머니의 마음. 할머니가 아이들을 지나치게 걱정하듯이 필요 이상으로 남의 일을 걱정하고 염려하는 마음을 뜻해요.

유는 유사한 말

## 고사성어 따라 쓰기

'기우'의 겉뜻과 속뜻을 소리 내어 읽고, 정성껏 두 번 따라 써 보세요.

**기우 杞憂** 겉뜻 기나라 사람의 걱정.

속뜻 쓸데없는 걱정을 의미합니다.

①

②

## 꼭꼭 실력 다지기

**1** 앞의 글에서 '기우'의 뜻이 담긴 문장을 찾아 밑줄을 그어 보세요.

**2** '기우'가 들어가는 짧은 문장을 만들어 보세요.

예시 운동회 날에 비가 오면 어쩌나 걱정한 것은 기우였다.

## 내용 깊게 파고들기

1 기나라 사람은 무엇을 걱정했나요?

2 기나라 사람은 어떻게 걱정에서 벗어날 수 있었나요?

## 생각을 키우는 논술 글쓰기

1 (비판 능력 키우기) 일어나지 않은 일을 미리 걱정하는 것에 대해 어떻게 생각하나요?

2 (적용 능력 키우기) 어떤 일에 대해 크게 걱정했지만 실제로 일어나지 않았던 경험이 있다면 써 보세요.

뱀에 발을 더하다,

# 사족 蛇足

뱀 사 발 족

뱀[蛇]에 발[足]을 더하다. 화사첨족(畵蛇添足)의 줄임말. 쓸데없이 일을 덧붙여서 일을 그르치는 것을 말해요.

**등장인물**

**구두쇠:** 초나라 사람. 돈과 물건을 남에게 주는 것에 몹시 인색함.

**하인들:** 구두쇠 집에 매여 일하는 순박한 종들.

중국 초나라 때 있었던 일이에요. 한 구두쇠가 제사를 지내고 나서 고생한 하인들에게 술을 마시라고 주었어요.

"제삿상 차리느라 수고했으니 마시거라."

그런데 하인들 숫자는 넷인데 술은 고작 한 사람이 마실 정도였어요. 하인들은 어이가 없었지만 차마 따질 용기도 없어서, 서로 누가 마실지 눈치만 보고 있었어요. 그때 한 하인에게 좋은 생각이 떠올랐어요.

"뱀을 그려서 제일 먼저 그리는 사람이 술을 혼자 마시는 게 어때?"

나머지 사람도 흔쾌히 찬성했어요. 시작 소리와 함께 네 사람은 앞다투어 뱀을 그리기 시작했어요. 시작한 지 얼마 되지 않아 한 사람이 재빨리 술잔을 잡았어요.

"내가 먼저 다 그렸다."

그러고는 어깨를 으쓱하며 술을 마시려다가 한껏 떠벌렸어요.

"나는 시간이 남아서 뱀에 발까지 그렸다."

그러자 다른 사람이 술잔을 재빨리 빼앗으며 말했어요.

"뱀은 원래 발이 없네. 그런데 발까지 그렸으니 자네가 그린 것은 뱀이 아니야."

그러고는 술을 단숨에 마셔 버렸어요. 술잔을 빼앗긴 사람은 그 모습을 멀뚱멀뚱 쳐다볼 수밖에 없었어요.

**박쌤 평설**

말이 씨가 된다는 속담이 있습니다. 말은 사람을 행복하게 해주기도 하지만 재앙을 불러들이는 씨앗이 되기도 합니다. 공자는 평생 선을 행하여도 한마디 잘못된 말로 이를 깨뜨린다고 했습니다. 괜히 내뱉은 군말은 큰 후회를 불러옵니다. 《명심보감》에서는 말합니다. "입은 사람을 다치게 하는 도끼이고 말은 혀를 베는 칼이다. 입을 막고 혀를 깊이 감추면 어느 곳에 있어도 몸이 편안하다."

## 어휘 더 배우기

- 유 옥상가옥(屋上架屋): 지붕 위에 또 지붕을 만든다는 뜻으로, 일을 쓸데없이 반복하는 것을 말해요.
- 속 군말이 많으면 쓸 말이 적다: 군말은 쓸데없는 말을 의미해요. 하지 않아도 될 말을 많이 늘어놓으면 그만큼 쓸 말이 적어진다는 뜻으로, 가능하면 말을 삼가라는 뜻이에요.

유는 유사한 말, 속은 속담

## 고사성어 따라 쓰기

'사족'의 겉뜻과 속뜻을 소리 내어 읽고, 정성껏 두 번 따라 써 보세요.

**사족 蛇足** 겉뜻 뱀에 발을 더하다.

속뜻 쓸데없이 일을 덧붙여서 일을 그르친다는 뜻입니다.

①

②

## 꼼꼼 실력 다지기

**1** 앞의 글에서 '사족'의 뜻이 담긴 문장을 찾아 밑줄을 그어 보세요.

**2** '사족'이 들어가는 짧은 문장을 만들어 보세요.

예시 사족을 덧붙이는 바람에 일을 망쳤다.

## 내용 깊게 파고들기

**1** 하인들이 뱀 빨리 그리기 내기를 한 이유는 무엇인가요?

**2** 뱀을 제일 먼저 그린 사람은 왜 술잔을 빼앗겼나요?

## 생각을 키우는 논술 글쓰기

**1** (주제 파악 능력 키우기) 뱀에 발을 더 그리는 바람에 술을 먹지 못한 이야기가 주는 교훈은 무엇인지 생각해 써 보세요.

**2** (적용 능력 키우기) 쓸데없는 말을 했다가 실수한 적이 있다면 그때의 상황과 느낀 점을 써 보세요.

흰 눈썹을 가진 사나이,

# 백미 白眉

흰 백 눈썹 미

흰 눈썹[白眉]. 여럿 가운데 가장 뛰어난 사람이나 물건을 뜻해요.

**등장인물**

**유비:** 중국 삼국 시대에 관우, 장비와 함께 의형제를 맺고 촉한이라는 나라를 세움.

**마량:** 유비의 신하. 흰 눈썹을 갖고 있음.

중국의 위, 오, 촉 세 나라가 천하를 차지하려고 서로 다투던 삼국 시대의 일이에요. 유비가 다스리던 촉나라에는 문예와 무술을 골고루 갖춘 마량이라는 사람이 있었어요. 마량은 유비가 형주 땅을 다스릴 때 관리로 임명되어 시중(侍中)이라는 높은 벼슬 자리까지 올랐어요.

마량은 태어날 때부터 눈썹에 흰 털이 섞여 있었어요. 그래서 고향 사람들은 마량을 '흰 눈썹'이라는 뜻의 '백미(白眉)'로 불렀어요.

마량의 형제는 다섯 명이었어요. 다섯 명 모두 자(字, 이름 대신에 부르는 별명)에 상(常) 자를 썼으므로 사람들은 이들 형제를 '마씨오상(馬氏五常)'이라 불렀어요. 이들은 모두 재능이 뛰어나 나라 안에 소문이 자자했어요. 그래서 마량의 고향에서는 다섯 형제에 대해 이런 노래를 만들어 불렀어요.

"마씨 집에 오상(五常) 있는데,

그중 백미가 가장 뛰어나구나!"

훗날 마량은 유비가 형주 땅에 있을 때 유비의 참모인 제갈량에게 편지를 보낸 일이 계기가 되어 유비를 곁에서 돕게 돼요. 후에 사신의 자격으로 오나라에 가서 오나라의 왕인 손권을 유비의 편으로 끌어들이는 데 큰 공을 세우지요. 그러나 유비가 이릉에서 패하자 마량 역시 죽임을 당하고 말아요. 유비는 마량의 아들인 마병을 높은 지위에 임명해 주었어요.

**박쌤 평설**

젊어서 눈썹이 희다면 감추고 싶어 할 것입니다. 그러나 오히려 마량은 뛰어난 재능을 지님으로써 흰 눈썹이 개성적인 외모로 부각되었습니다. 훌륭한 재주를 갖게 된다면 부끄러운 신체 부위를 자랑스러운 모습으로 바꿀 수도 있습니다.

## 어휘 더 배우기

- 유 군계일학(群鷄一鶴): 닭의 무리 가운데 한 마리 학. 많은 사람 가운데 뛰어난 인물을 뜻해요.
- 유 낭중지추(囊中之錐): 주머니 속의 송곳. 재능이 뛰어난 사람은 숨어 있어도 저절로 사람들에게 알려진다는 뜻이에요.
- 유 압권(壓卷): 여럿 가운데 가장 뛰어난 것을 말해요.

유는 유사한 말

## 고사성어 따라 쓰기

'백미'의 겉뜻과 속뜻을 소리 내어 읽고, 정성껏 두 번 따라 써 보세요.

**백미 白眉** 겉뜻 흰 눈썹.

속뜻 여럿 가운데 가장 뛰어난 사람이나 물건을 뜻합니다.

①

②

## 꼭꼭 실력 다지기

**1** 앞의 글에서 '백미'의 뜻이 담긴 문장을 찾아 밑줄을 그어 보세요.

**2** '백미'가 들어가는 짧은 문장을 만들어 보세요.

예시 박지원의 《열하일기》는 고전 여행기 가운데 백미이다.

## 내용 깊게 파고들기

**1** 마량은 외모에 어떤 특징이 있었나요?

**2** 마량의 형제에게는 어떤 공통점이 있었나요?

## 생각을 키우는 논술 글쓰기

**1** (판단 능력 키우기) 자신의 외모 중 감추고 싶은 부위가 있다면 어떻게 극복할지 생각해 써 보세요.

**2** (적용 능력 키우기) '백미'가 되려면 어떤 노력이 필요한지 써 보세요.

넘치면 미치지 못한다,

# 과유불급 過猶不及

지나칠 과 오히려 유 아닐 불 미칠 급

지나침[過]은 미치지 못함[不及]과 같다[猶]. 정도가 지나친 것은 모자란 것과 같으니 중용의 도가 중요하다는 뜻이에요.

**등장인물**

**자장** : 공자의 제자로 이름은 전손사(顓孫師). 모든 일에 적극적임.

**자하** : 공자의 제자로 이름은 복상(卜商). 문학에 재능이 있음.

**자공** : 공자의 제자로 이름은 단목사(端木賜). 제자 중 제일 가는 부자.

공자에게는 수많은 제자가 있었어요. 그중에 자장(子張)과 자하(子夏)는 성격이 정반대였어요. 자장은 활달하고 적극적인 반면 자하는 신중하고 소극적이었어요. 친구와 사귐에서도 자장은 모든 사람을 똑같이 여겼지만, 자하는 자기만 못한 사람은 친구로 삼지 말라고 가르쳤어요.

어느 날 공자의 제자인 자공(子貢)이 스승인 공자에게 물었어요.

"선생님, 자장과 자하 중 누가 낫습니까?"

공자는 조용히 대답했어요.

"자장은 지나치고, 자하는 미치지 못한다."

자공이 다시 물었어요.

"그러면 자장이 낫다는 말씀이시군요."

공자는 조용히 고개를 저었습니다.

"지나친 것은 미치지 못한 것과 같다."

흔히 활발한 자장을 낫게 여기는 사람들이 많았는데, 공자는 너무 넘치지도 모자라지도 않은 중용(中庸)이 필요하다고 가르쳤어요.

**박쌤 평설**

공자의 중용(中庸)은 유교 사상을 이해하는 핵심입니다. 너무 넘쳐도 안 되고, 너무 모자라도 안 되니 넘치지도 모자라지도 않은 자리에 서야 한다는 게 중용의 가르침입니다. 공자의 중용을 단순히 이쪽과 저쪽의 가운데라고 생각하면 기회주의로 오해받기 쉽습니다. 중용은 단순히 가운데를 택하는 것이 아니라 상황에 따라 가장 알맞은 자리를 찾아가는 것입니다. 곧 진실의 자리, 화해의 자리에 서는 것이에요. 따라서 어느 한편에 서는 것이 중용일 때도 있습니다. 오늘날처럼 다양한 가치관이 섞여 있고 각자의 개성을 존중하는 시대에는 상대의 입장을 배려해 주는 중용의 정신이 더욱더 소중합니다.

## 어휘 더 배우기

- **유** 중용(中庸): 지나치거나 모자라지 않고 한쪽으로 치우치지도 않은 상태를 말해요.
- **반** 교각살우(矯角殺牛): 소뿔 고치려다 소를 잡아 죽인다. 흠을 바로잡으려다 수단이 지나쳐서 도리어 그르친다는 뜻이에요.

**유**는 유사한 말, **반**은 반대말

## 고사성어 따라 쓰기

'과유불급'의 겉뜻과 속뜻을 소리 내어 읽고, 정성껏 두 번 따라 써 보세요.

**과유불급** 過猶不及 겉뜻 지나침은 미치지 못함과 같다.

속뜻 너무 지나친 것은 모자란 것과 같다는 뜻입니다.

①

②

## 꼭꼭 실력 다지기

**1** 앞의 글에서 '과유불급'의 뜻이 담긴 문장을 찾아 밑줄을 그어 보세요.

**2** '과유불급'이 들어가는 짧은 문장을 만들어 보세요.

예시 운동도 과유불급이면 몸에 해로우니 적당하게 해야 한다.

## 내용 깊게 파고들기

1 자장의 성격은 어떠했나요?

2 공자는 왜 자장과 자하가 같다고 했나요?

## 생각을 키우는 논술 글쓰기

1 (이해 능력 키우기) 지나친 것보다 모자란 것이 더 나은 것에는 어떤 것이 있는지 생각해 써 보세요.

2 (이해 능력 키우기) 지나치면 좋은 것에는 어떤 것이 있는지 생각해 써 보세요.

잃어버린 칼,

# 각주구검 刻舟求劍

새길 각 배 주 찾을 구 칼 검

배[舟]에 새겨[刻] 칼[劍]을 찾다[求]. 어리석고 미련하여 세상일에 뒤떨어지고 융통성이 없다는 뜻이에요.

**등장인물**

**초나라 사람 :** 소중한 칼을 들고 강을 건너는 사람.

어느 날 초나라 사람이 칼 한 자루를 들고 배에 올랐어요. 그는 소중한 보물 다루듯 칼을 가슴에 꼭 품고 있었어요. 배가 강의 한가운데에 이르렀을 때였어요. 옆 사람과 이야기를 하던 그는 무심결에 손을 움직이다가 그만 칼을 강에 떨어뜨리고 말았어요.

"앗!"

그는 재빨리 손을 뻗어 칼을 잡으려 했지만, 칼은 이미 물속으로 가라앉고 말았어요.

당황한 그는 허겁지겁 허리춤에 차고 있던 또 다른 칼을 꺼내 황급히 배에 표시를 했어요. 곁에 있던 사람이 궁금하여 물었어요.

"여보시오, 지금 무엇하는 것이오?"

"내 칼이 떨어진 자리를 표시하는 것입니다."

대답을 하고 나서 그는 안도의 숨을 내쉬었어요.

드디어 배가 강기슭에 닿았어요. 그는 제일 먼저 배에서 뛰어내려 표시한 곳 아래의 물속을 열심히 뒤졌어요. 그러나 아무리 뒤져도 칼은 없었어요. 배가 이미 칼이 떨어진 곳에서 멀리 지나왔기 때문이지요.

**박쌤 평설**

시간은 강물처럼 흘러갑니다. 어제 잃어버린 것을 오늘 붙들려고 하는 것은 배에 새겨 칼을 찾으려는 초나라 사람과 같이 어리석을 뿐입니다. 강물이 흘러가는 곳에는 새로운 물고기도 있고 새 경치도 나타납니다. 마찬가지로 시간이 흘러가면 문화도 바뀌고 살아가는 방식도 바뀝니다. 새로운 상황에 맞추어 융통성 있게 대응하는 것도 삶을 살아가는 지혜입니다.

## 어휘 더 배우기

유 수주대토(守株待兔): 나무 그루터기를 지키며 토끼를 기다리다. 한 가지 일에만 얽매여 발전을 모르는 어리석은 사람을 뜻해요. 한 농부가 나무 그루터기에 부딪쳐 죽은 토끼를 우연히 잡고 나서, 그다음부터 일도 하지 않고 나무 그루터기만 지키고 있었다는 데서 나왔어요.

유 미생지신(尾生之信): 미생의 믿음. 융통성 없이 약속만을 굳게 지키는 것을 의미해요. 미생이란 사람이 다리 밑에서 만나자고 한 여자와의 약속을 지키기 위해 비가 세차게 내려 홍수가 났는데도 피하지 않고 기다리다가 물에 빠져 죽었다는 이야기에서 나왔어요.

유는 유사한 말

## 고사성어 따라 쓰기

'각주구검'의 겉뜻과 속뜻을 소리 내어 읽고, 정성껏 두 번 따라 써 보세요.

**각주구검 刻舟求劍** 겉뜻 배에 새겨 칼을 찾다.

속뜻 어리석고 미련하여 세상일에 뒤떨어지고 융통성이 없다는 뜻입니다.

①

②

## 꼭꼭 실력 다지기

**1** 앞의 글에서 '각주구검'의 뜻이 담긴 문장을 찾아 밑줄을 그어 보세요.

**2** '각주구검'이 들어가는 짧은 문장을 만들어 보세요.

예시 4차 산업혁명의 시대를 맞이하여 각주구검의 낡은 생각을 버리고 변화를 보는 눈을 가져야겠다.

## 내용 깊게 파고들기

**1** 초나라 사람은 왜 다른 칼을 꺼내 배에 표시를 했나요?

**2** 강기슭에 도착한 초나라 사람이 배에 표시한 곳 아래 물속에서 칼을 찾을 수 없었던 이유는 무엇인가요?

## 생각을 키우는 논술 글쓰기

**1** (판단 능력 키우기) 내가 초나라 사람이라면 어떤 방법으로 칼을 찾을지 설명해 보세요.

**2** (적용 능력 키우기) 우리 생활이나 사회에서 '각주구검'의 모습을 보이는 예를 찾아 써 보세요.

## 고사성어 실력 확인 ②

**1** 각 고사성어와 그에 맞는 속뜻을 찾아 선으로 이어 보세요.

| | |
|---|---|
| 기우 • | • 쓸데없이 일을 덧붙여 일을 그르치다. |
| 백미 • | • 너무 지나치 것은 모자란 것보다 못하다. |
| 과유불급 • | • 쓸데없는 걱정 |
| 각주구검 • | • 여럿 가운데 가장 뛰어난 사람 |
| 사족 • | • 어리석고 미련하여 세상일에 뒤떨어지고 융통성이 없다. |

**2** 이번 주에 배운 고사성어 중 가장 인상적이거나 큰 깨달음을 준 고사성어를 이유와 함께 쓰세요.

내가 고른 고사성어

이유

# 3주

# 고사성어 익히고, 글쓰기 활동하기

용문에 오른 물고기,

# 등용문 登龍門

오를 등 용 용 문 문

용문(龍門)에 오르다[登]. 세상에 나아가 성공하여 높은 지위에 오르거나 유명하게 되는 관문을 의미합니다.

**등장인물**

**환관:** 궁궐에서 지내며 황제를 가까이서 모시는 관리.

**이응:** 정직하고 곧은 관리.

**장삭:** 환관인 장양의 동생. 나쁜 짓을 저지르고 형의 집에 숨음.

용문(龍門)은 중국의 황하강 상류에 있는 좁은 계곡의 이름이에요. 용문의 물살은 너무 빠르고 세서 어지간한 물고기는 거슬러 올라가지 못한다고 해요. 용문을 거슬러 올라가려고 시도하다가 실패한 물고기는 바위에 비늘이 찢기고 지느러미에 생채기가 나서 다시는 오르려고 하지 않는다고 하지요. 그러나 물살을 거슬러서 용문에 오르면 그 물고기는 용으로 변하여 하늘로 올라간다고 해요.

중국의 후한 시절의 일이에요. 11대 황제인 환제 시절엔 나라가 굉장히 혼란스러웠어요. 황제를 가까이서 모시는 환관들이 권력을 쥐고서 나라를 제멋대로 어지럽혔기 때문이에요. 그때 이응이라는 관리가 있었어요. 이응은 성품이 맑고 깨끗하며 정직한 사람이었어요. 그는 깨끗한 관리들과 힘을 합쳐 환관들과 맞서 싸웠어요. 그러자 사람들은 한목소리로 이응을 우러르고 따랐어요.

"이응은 세상의 모범이라네."

한번은 한 환관의 동생인 장삭이 나쁜 짓을 저지르고 나서 형의 집에 숨었어요. 그 소식을 들은 이응은 부하들을 이끌고 가서 장삭을 붙잡았어요. 그러고는 사람들이 보는 앞에서 죄를 따져 밝혔어요.

"네가 큰 죄를 저질렀으니 마땅히 벌을 받을 것이다."

이응은 주저하지 않고 단칼에 장삭의 목을 베었어요. 이후로 환관들은 이응의 이름만 들어도 벌벌 떨었어요.

이응의 이름이 나라에 널리 알려지자 당시에 새로 들어온 관리들은 이응과 만나는 것을 평생의 영광으로 여기게 되었어요. 이응이 추천해 주면 장래를 확실하게 약속받는 지름길이 되었어요. 그리하여 이응의 인정을 받은 선비는 "용문에 들어갔다."라고 하면서 크게 기뻐했어요. 이후로 등용문은 어려운 관문을 통과하여 출세의 발판을 마련하는 것을 뜻하게 되었어요.

## 어휘 더 배우기

**속 개천에서 용 난다:** 보잘것없는 환경에서 큰 인물이 날 때 쓰는 말이에요.

**반 점액(點額):** 이마[額]에 점(點)이 찍히다. 용문에 오르려다 바위에 이마를 부딪쳐 상처를 입고 떠내려가는 물고기를 뜻해요. 출세 경쟁에서 패배한 사람을 이르는 말이에요.

속은 속담, 반은 반대말

## 고사성어 따라 쓰기

'등용문'의 겉뜻과 속뜻을 소리 내어 읽고, 정성껏 두 번 따라 써 보세요.

**등용문 登龍門** 겉뜻 용문에 오르다.

속뜻 세상에 나아가 성공하여 높은 지위에 오르거나 유명하게 되는 관문이란 뜻입니다.

①

②

## 꼭꼭 실력 다지기

**1** 앞의 글에서 '등용문'의 속뜻이 담긴 문장을 찾아 밑줄을 그어 보세요.

**2** '등용문'이 들어가는 짧은 문장을 만들어 보세요.

예시 그 오디션은 신인 가수들의 등용문이다.

## 내용 깊게 파고들기

**1** 이응은 왜 장삭의 목을 베었나요?

**2** 새로 들어온 관리들이 이응과 만나고 싶어 한 이유는 무엇인가요?

## 생각을 키우는 논술 글쓰기

**1** (판단 능력 키우기) 이응의 인정을 받은 선비들이 기뻐한 이유는 무엇인지 생각해 써 보세요.

**2** (이해 능력 키우기) '용문에 들어갔다'는 말의 의미가 무엇인지 생각해 써 보세요.

풀을 묶어서 갚은 은혜,

# 결초보은 結草報恩

맺을 결 풀 초 갚을 보 은혜 은

풀[草]을 엮어서[結] 은혜[恩]를 갚다[報]. 받은 은혜가 깊어서 죽어서도 잊지 않고 갚는다는 뜻이에요.

**등장인물**

**위무자:** 진(晉)나라의 신하. 위과의 아버지.
**조희:** 위무자의 둘째 아내.
**위과:** 위무자의 아들이자 진(晉)나라 장수.
**두회:** 진(秦)나라 장수.
**노인:** 조희의 아버지.

중국의 진(晉)나라에 위무자란 사람이 있었어요. 그에게는 젊고 예쁜 조희라는 후처가 있었어요. 후처는 첫 번째 아내가 죽어서 두 번째로 얻은 아내를 말해요. 위무자는 조희를 굉장히 아끼고 사랑했어요. 그러던 어느 날, 위무자가 병에 걸리고 말았어요. 위무자는 아내를 자유롭게 해 주고 싶었어요. 그래서 아들인 위과를 불러 부탁했어요.

"내가 죽거든 아내를 다른 좋은 곳에 가서 살도록 해 주어라."

그런데 병이 더욱 심해져 위태롭게 되자 갑자기 말을 바꾸었어요.

"내가 죽으면 아내도 내 무덤에 같이 묻도록 해라."

옛날에는 남편이 죽으면 아내도 따라서 묻는 나쁜 풍습이 있었어요. 얼마 후 위무자는 세상을 떠났어요. 위과는 아버지가 처음에 했던 유언을 따라 조희를 다른 곳으로 보내 주기로 했어요. 집을 나서던 조희가 위과에게 물었어요.

"어째서 아버님의 마지막 유언을 따르지 않았나요?"

"사람은 병이 너무 깊어지면 정신이 흐려집니다. 저는 정신이 맑을 때 하신 아버님의 말씀이 진심이라 생각했습니다."

그 뒤로 세월이 흘렀어요. 이웃 나라의 환공이 두회 장군을 앞세워 진(晉)나라를 공격했어요. 위과는 장수가 되어 전쟁에 참여했어요. 하지만 두회와의 싸움에서 크게 져서 목숨이 위험하게 되었어요. 위과는 힘껏 도망쳐야 했어요. 두회는 위과를 바짝 뒤쫓았어요. 금방이라도 위과를 따라잡을 것만 같았어요. 그 순간 뒤따라오던 두회의 말이 풀에 걸려 넘어졌어요. 두회는 순식간에 풀밭에 나뒹굴었어요. 그 장면을 본 위과는 말머리를 돌려 두회를 사로잡았어요. 위과가 주위를 살펴보니 두회 근처의 풀이 전부 매듭 지어져 있었어요. 그리하여 위과는 두회의 군대를 무찌르고 이기게 되었어요.

그날 밤, 위과의 꿈속에 한 노인이 나타나 말했어요.

"나는 그대가 놓아 준 조희의 아버지라오. 그대 덕분에 죽을 뻔한 내 딸이 살게 되었으니, 보답하고 싶어서 풀을 엮어 은혜를 갚은 것이오."

**박쌤 평설**

원한은 모래에 새기고 은혜는 바위에 새기라는 말이 있습니다. 남에 대한 원망의 마음은 모래에 써 놓으면 금세 흩어지듯이 빨리 잊어야 하고, 남에게 받은 도움은 단단한 바위에 새긴 것처럼 오래 기억하라는 의미입니다. 남에게 도움을 베풀면 언젠가는 나도 남의 은혜를 받게 됩니다.

**어휘 더 배우기**

- 유 **각골난망(刻骨難忘)**: 뼛속에 새겨 두고 잊지 않는다는 뜻으로, 남에게 받은 은혜를 마음 깊이 새겨 잊지 않는다는 뜻이에요.
- 반 **배은망덕(背恩忘德)**: 은혜를 잊고 도리어 배반한다는 뜻으로, 베풀어 준 은혜에 보답하기는커녕 은혜를 원수로 갚는 것을 말해요.

유는 유사한 말, 반은 반대말

## 고사성어 따라 쓰기

'결초보은'의 겉뜻과 속뜻을 소리 내어 읽고, 정성껏 두 번 따라 써 보세요.

**결초보은 結草報恩** 겉뜻 풀을 엮어서 은혜를 갚다.

속뜻 죽어서도 잊지 않고 은혜를 갚는다는 뜻입니다.

①

②

## 꼭꼭 실력 다지기

**1** 앞의 글에서 '결초보은'의 뜻이 담긴 문장을 찾아 밑줄을 그어 보세요.

**2** '결초보은'이 들어가는 짧은 문장을 만들어 보세요.

예시 나를 위해 희생하신 부모님께 결초보은의 마음을 갖게 되었다.

## 내용 깊게 파고들기

**1** 위과가 아버지의 마지막 유언이 아닌 첫 번째 유언을 따른 이유는 무엇인가요?

**2** 위과의 꿈에 나온 노인은 왜 풀을 엮어서 위과를 도와주었나요?

## 생각을 키우는 논술 글쓰기

**1** (주제 파악 능력 키우기) '결초보은'의 이야기가 주는 교훈은 무엇인지 생각해 써 보세요.

**2** (등장인물의 입장 되어 보기) 만약에 내가 위과라면 아버지의 첫 번째 유언을 따를 것인가요, 두 번째 유언을 따를 것인가요? 하나의 입장을 선택하고, 왜 그렇게 생각했는지 써 보세요.

복이 될지 화가 될지?

# 새옹지마 塞翁之馬

변방 새 노인 옹 어조사 지 말 마

변방 늙은이[塞翁]의 말[馬]. 인생의 좋은 일과 나쁜 일, 화와 복은 어찌 될지 미리 알 수가 없다는 뜻이에요.

**등장인물**

**할아버지:** 변방에 사는 노인. 말을 키우면서 아들과 생활함.

**이웃 사람들:** 정 많은 동네 사람들.

중국의 만리장성 국경 부근에 점을 잘 치는 할아버지가 살고 있었어요. 사람들은 그를 새옹(塞翁)이라고 불렀어요. 하루는 할아버지가 기르는 말이 아무런 이유도 없이 오랑캐가 사는 국경 너머로 도망쳐 버렸어요. 이웃 사람들은 할아버지를 찾아가 위로했어요.

"할아버지, 힘내세요."

그러나 할아버지는 그다지 실망하거나 걱정하지 않는 얼굴빛으로 말했어요.

"어찌 알겠소? 이 일이 복이 될지."

몇 달 후 뜻밖에도 도망갔던 말이 돌아왔어요. 게다가 오랑캐가 기르던 좋은 말 한 필을 함께 데려왔어요. 이웃 사람들은 할아버지를 축하하며 부러워했어요. 그러나 할아버지는 역시 별로 좋아하거나 기뻐하지 않는 얼굴빛이었어요.

"어찌 알겠소? 이 일이 화가 될지."

얼마 후 할아버지의 아들이 오랑캐의 말을 타다가 떨어져 그만 다리가 부러지고 말았어요. 이웃 사람들은 또 달려와 할아버지를 위로했어요.

"할아버지, 힘내세요."

그러나 할아버지는 또 담담한 표정으로 말했어요.

"어찌 알겠소. 이 일이 또한 복이 될지."

1년 후 오랑캐가 쳐들어왔어요. 나라에서는 젊은이들을 모두 모아 전쟁터로 내보냈어요. 그러나 할아버지의 아들은 다리를 쓰지 못해서 끌려가지 않았어요. 전쟁터로 나간 젊은이들은 열에 아홉은 싸우다 죽고 말았어요. 하지만 전쟁터로 가지 않은 할아버지의 아들은 무사할 수 있었어요.

**박쌤 평설**

'화와 복은 문이 없어서 오직 사람이 스스로 부르는 것이다.'라는 말이 있습니다. 화와 복은 들어오도록 정해진 문이 없다는 뜻입니다. 매울 신(辛)과 행운 행(幸)은 작대기(一) 하나로 달라집니다. 매운 인생과 행복한 인생은 그야말로 작대기 하나 차이일 뿐입니다. 실패나 위기도 잘만 넘기면 오히려 좋은 기회가 될 수 있습니다. 우리 앞길은 정해져 있지 않습니다. 어떻게 운명을 헤쳐나가느냐에 따라 힘든 일도 행운이 될 수 있습니다.

## 어휘 더 배우기

**유** **전화위복(轉禍爲福):** 재앙이 바뀌어 오히려 복이 된다. 좋지 않은 일을 잘 처리하여 좋은 일이 되게 한다는 뜻이에요.

**속** **양지가 음지 되고 음지가 양지 된다:** 양지는 해가 비치는 곳, 음지는 그늘진 곳이에요. 세상일은 돌고 도는 것이라서 처지가 뒤바뀌기 마련이라는 뜻이에요.

유는 유사한 말, 속은 속담

## 고사성어 따라 쓰기

'새옹지마'의 겉뜻과 속뜻을 소리 내어 읽고, 정성껏 두 번 따라 써 보세요.

**새옹지마 塞翁之馬** 겉뜻 변방 늙은이의 말.

속뜻 인생의 좋은 일과 나쁜 일, 화와 복은 어찌 될지 미리 알 수가 없다는 뜻입니다.

①

②

## 꼭꼭 실력 다지기

**1** 앞의 글에서 '새옹지마'의 뜻이 담긴 문장을 찾아 밑줄을 그어 보세요.

**2** '새옹지마'가 들어가는 짧은 문장을 만들어 보세요.

예시 인생은 새옹지마이니 다음에는 성적이 오를 거야.

## 내용 깊게 파고들기

1 할아버지의 말이 오랑캐가 기르던 말을 데리고 왔을 때 할아버지는 왜 기뻐하지 않았나요?

2 할아버지의 아들이 전쟁터에 나가지 않은 이유는 무엇인가요?

## 생각을 키우는 논술 글쓰기

1 (등장인물의 입장 되어 보기) 할아버지가 말을 잃어버렸는데도 담담하게 반응한 이유를 생각해 써 보세요.

2 (비판 능력 키우기) 할아버지와 이웃 사람들의 삶의 태도가 어떻게 다른지 생각해 써 보세요.

조개와 황새의 싸움,

# 어부지리 漁父之利

고기 잡을 어 아버지 부 어조사 지 이로울 리

어부[漁夫]의 이로움[利]. 둘이 다투는 사이에 엉뚱한 제삼자가 이익을 얻는다는 뜻이에요.

**등장인물**

**조개:** 물가에 사는 생물. 햇볕을 쬐러 나왔다가 황새에게 들키게 됨.

**황새:** 목이 긴 새. 우연히 먹잇감인 조개를 발견함.

화창한 어느 날이었어요. 강가의 모래 속에서 조개 한 마리가 쓱 하고 나왔어요.

"아, 따뜻해. 일광욕 해야겠다."

조개는 입을 쫙 벌리고 햇볕을 쬐기 시작했어요.

그때였어요. 공교롭게도 황새 한 마리가 그 위를 날아가고 있었어요. 아래를 내려다보던 황새는 입 벌린 조개를 보게 되었어요.

"이게 웬 떡이야."

황새는 조갯살을 덥석 물었어요. 마음 놓고 있던 조개는 깜짝 놀랐어요. 조개는 순간적으로 위험을 느끼고 입을 딱 다물었어요. 그러자 황새 부리가 조가비에 물리고 말았어요. 조개는 조개대로 황새는 황새대로 서로 꼼짝하지 못하는 상황이 되었어요. 황새는 이렇게 생각했어요.

'그대로 입만 다물고 있어 봐라. 오늘, 내일 비가 안 오면 네놈은 바싹 말라 죽은 조개가 될 테니.'

조개는 이렇게 생각했어요.

'오늘, 내일 내가 입을 안 벌려 주면 너는 굶어 죽고 말게다.'

둘은 서로 조금도 양보하지 않고 입을 꽉 다물고 힘겨루기를 계속했어요. 그런데 마침 어부가 그 옆을 지나가게 되었어요. 어부는 조개와 황새가 서로 꼼짝하지 못하고 있는 모습을 보았어요.

"아니, 이게 웬 횡재야."

어부는 조개와 황새를 둘 다 잡아서 망태 속에 넣었어요. 그리고는 콧노래를 흥얼거리며 집으로 돌아갔어요.

**박쌤 평설**

인생엔 간혹 뜻하지 않은 행운을 얻게 되는 일이 있습니다. 노력도 하지 않고서 거저 얻는 행운이 꼭 좋은 것은 아닙니다. 공짜로 얻으려는 마음을 갖게 될 수 있기 때문입니다. 그러나 일부러 바라지 않았는데도 얻게 된 행운이라면 기쁘게 받아들여도 좋습니다.

## 어휘 더 배우기

**유 견토지쟁(犬兎之爭):** 개와 토끼의 다툼. 개와 토끼가 싸우는 틈을 이용해 제삼자가 이익을 얻는다는 뜻이에요.

**속 죽 쑤어 개 준다:** 애써 한 일을 남에게 빼앗기거나 엉뚱한 사람이 이익을 본다는 뜻이에요.

유는 유사한 말, 속은 속담

## 고사성어 따라 쓰기

'어부지리'의 겉뜻과 속뜻을 소리 내어 읽고, 정성껏 두 번 따라 써 보세요.

**어부지리 漁父之利** 겉뜻 어부의 이로움.

속뜻 둘이 다투는 사이에 엉뚱한 제삼자가 이익을 얻는다는 뜻입니다.

①

②

## 꼭꼭 실력 다지기

**1** 앞의 글에서 '어부지리'의 속뜻이 담긴 문장을 찾아 밑줄을 그어 보세요.

**2** '어부지리'가 들어가는 짧은 문장을 만들어 보세요.

예시 회장 선거에서 두 친구가 양보하는 바람에 내가 어부지리로 회장이 되었다.

## 내용 깊게 파고들기

1 조개는 왜 입을 꽉 다물고 황새 부리를 놓지 않았을까요?

2 어부는 어떻게 조개와 황새를 모두 잡을 수 있었나요?

## 생각을 키우는 논술 글쓰기

1 (창의력 키우기) 조개와 황새는 어떻게 하면 어부에게 잡히지 않고 둘 다 살아날 수 있을까요?

2 (적용 능력 키우기) 서로 양보하지 않으려다가 손해를 본 경험이 있다면 그 이야기와 느낀 점을 써 보세요.

많으면 많을수록 좋다,

# 다다익선 多多益善

많을 다 많을 다 더할 익 착할 선

많으면[多] 많을수록[多] 더욱 좋다[益善]. 많을수록 더 낫다는 뜻이에요.

**등장인물**

**한고조 유방:** 중국을 두 번째로 통일한 한나라의 1대 황제. 항우와의 싸움에서 이기고 중국 천하를 하나로 합침.

**한신:** 유방의 대장군. 유방이 한나라를 세우는 데 큰 공을 세움.

한고조(한나라의 초대 황제라는 뜻) 유방은 항우와의 싸움에서 승리하고 마침내 중국 천하를 하나로 통일했어요. 한나라는 진나라에 이어 중국의 두 번째 통일 국가예요. 한신은 한고조가 천하를 통일하는 데 결정적인 도움을 준 장수예요. 한신은 머리가 뛰어나고 매우 영리했어요. 하지만 그 장점이 오히려 걸림돌이 되기 시작했어요. 중국을 통일한 한고조는 황제에 오르고 나자 똑똑한 한신이 위험한 인물로 보이기 시작했어요. 그래서 자신을 도와준 공으로 내려주었던 왕의 직위를 빼앗고 회음 땅의 제후로 내려앉게 했어요. 그래서 후세 사람들은 한신을 회음후(회음 땅에 봉해진 제후)라고 불러요.

한고조 유방이 한번은 심심풀이로 회음후 한신과 함께 장수들의 능력에 관해 이야기를 나누었어요. 그러고는 얼마만큼의 군사를 거느릴 수 있는지 군사의 숫자로 각각의 실력을 평가했어요. 문득 한고조는 자신의 능력에 대해 한신에게 물었어요.

"나 같은 사람은 어느 정도의 군사를 이끌 수 있겠나?"

한신은 별 망설임 없이 대답했어요.

"폐하께서는 그저 10만 명 정도의 군사를 이끄실 수 있습니다."

한고조가 다시 물었어요.

"그럼 그대는 어떤가?"

"저는 많으면 많을수록 좋습니다."

한고조는 어이없다는 듯 웃으며 말했어요.

"그대는 많으면 많을수록 좋다면서, 어찌하여 10만 명의 깜냥에 불과한 내 부하로 있는가?"

한신 또한 빙긋 웃으며 대답했어요.

"폐하께서는 군대를 이끄시는 것은 약하지만 장수는 누구보다 잘 거느리십니다. 또한 황제의 자리는 하늘이 주는 것이라서 사람의 힘으로 되는 것이 아닙니다. 이것이 제가 폐하의 부하로 있는 까닭입니다."

**박쌤 평설**

항우는 유방보다 힘이 세고 능력도 더 뛰어났습니다. 싸움에서 한 번도 패한 적이 없는 영웅이었습니다. 그런데 왜 마지막에 유방에게 졌을까요? 항우는 능력이 뛰어났지만 독불장군이었습니다. 주변 사람의 말을 듣지 않고 자기 능력만 믿고 자기 마음대로 일을 처리했습니다. 반면 유방은 모든 일을 참모들과 의논했습니다 유방에겐 장량과 한신이라는 뛰어난 참모가 있었습니다. 부하의 의견을 믿고 존중하는 리더가 모든 일을 혼자서 처리하는 리더를 이깁니다.

## 어휘 더 배우기

**유** 다다익판(多多益辦): 많으면 많을수록 더 잘 처리한다는 뜻이에요.

**반** 과유불급(過猶不及): 정도가 지나치면 모자란 것만 못하다는 뜻이에요.

**유**는 유사한 말, **반**은 반대말

## 고사성어 따라 쓰기

'다다익선'의 겉뜻과 속뜻을 소리 내어 읽고, 정성껏 두 번 따라 써 보세요.

**다다익선 多多益善** 겉뜻 많으면 많을수록 좋다.

속뜻 많으면 많을수록 더욱 좋다는 뜻입니다.

①

②

## 꼭꼭 실력 다지기

**1** 앞의 글에서 '다다익선'의 뜻이 담긴 문장을 찾아 밑줄을 그어 보세요.

**2** '다다익선'이 들어가는 짧은 문장을 만들어 보세요.

예시 다다익선이니 사은품은 많이 받으면 좋아요.

## 내용 깊게 파고들기

1 한고조 유방이 한신의 직위를 낮춘 이유는 무엇인가요?

2 한신은 한고조가 왜 자신보다 높은 자리에 있게 되었다고 했나요?

## 생각을 키우는 논술 글쓰기

1 (창의력 키우기) 많으면 많을수록 더 좋은 것에는 무엇이 있는지 생각해서 5개 이상 써 보세요.

2 (창의력 키우기) 적으면 적을수록 더 좋은 것에는 무엇이 있는지 생각해서 5개 이상 써 보세요.

입술이 없어지면?

# 순망치한 脣亡齒寒

입술 순 망할 망 이 치 차가울 한

춘추 시대 말엽에 진(晉)나라 헌공은 괵나라를 공격할 야심을 품고 있었어요. 그런데 괵나라를 공격하려면 반드시 우나라를 거쳐야만 했어요. 헌공은 임시로 우나라와 형제의 의를 맺고자 했어요. 그리하여 진나라의 보물인 명마(名馬)와 진귀한 옥을 우나라 임금에게 보내고 길을 터 줄 것을 요청했어요. 우나라 임금은 뇌물도 탐나는 데다 형제의 의를 맺는 것도 좋은 제안이라 생각하여 순순히 청을 받아들이려 했어요. 이때 우나라의 대부인 궁지기(宮之寄)가 헌공의 속셈을 알아채고 말렸어요.

"괵나라와 우리 우나라는 한 몸이나 다름없는 사이입니다. 그러니 괵나라가 망하면 우나라도 망할 것입니다. 입술이 없어지면 이가 시리다고 했습니다. 이것이 바로 괵나라와 우나라의 관계가 아니고 무엇이겠습니까? 절대 진나라에 길을 터 주어서는 안 됩니다."

그러나 우왕은 이미 헌공의 뇌물에 마음을 빼앗긴 뒤였어요.

"진나라는 우리와 같은 핏줄인데, 어찌 우리를 해칠 리가 있겠소?"

우왕은 궁지기의 말을 듣지 않고 진나라에게 길을 터 줄 것을 약속했어요.

우왕의 어리석음에 실망한 궁지기는 나라가 망할 것을 알고는 온 가족을 이끌고 우나라를 떠났어요.

"우나라는 올해를 넘기지 못할 것이다."

궁지기가 말한 대로 그해 진나라는 괵나라를 정벌하고 오는 길에 우나라도 정복했어요. 미끼로 던져 주었던 명마와 옥도 도로 찾아갔어요.

# 4주

# 고사성어 익히고, 글쓰기 활동하기

형 노릇 동생 노릇,

# 난형난제 難兄難弟

어려울 난 형 형 어려울 난 아우 제

형(兄) 노릇도 어렵고[難] 동생[弟] 노릇도 어렵다[難]. 실력이 서로 엇비슷한 경우에 쓰여요.

**등장인물**

**진식:** 후한 말의 학자. 정직하고 공평하게 일을 처리함.

**진기:** 진식의 큰아들. **진심:** 진식의 작은아들.

**진군:** 진기의 아들. **진충:** 진심의 아들.

후한 말의 선비인 진식(陳寔)에게는 진기와 진심이라는 아들이 있었어요. 진기와 진심은 둘 다 아버지를 닮아서 인품도 훌륭하고 학문도 깊었어요. 진기와 진심에겐 각각 진군과 진충이라는 아들이 있었어요.

하루는 진군과 진충이 서로 자기 아버지가 낫다고 입씨름을 했어요.

"우리 아버지가 더 멋지셔."

"아니야, 우리 아버지가 더 훌륭하셔."

한참을 누가 더 옳으니 그르니 하며 다투어도 결론이 나지 않았어요. 둘은 할아버지인 진식에게 가서 판정을 받기로 했어요.

"할아버지, 솔직히 말씀해 주세요. 저의 아버지가 더 뛰어나죠?"

"아니야, 우리 아버지가 더 훌륭하죠?"

손자들의 질문에 진식은 난처해졌어요. 진군의 아버지가 낫다고 할 수도 없고, 그렇다고 진충의 아버지가 낫다고 할 수도 없는 노릇이었어요. 곰곰이 생각하던 진식은 다음과 같이 대답했어요.

"진군의 아버지인 진기는 형 노릇하기 어려울 테고, 진충의 아버지인 진심은 동생 노룻하기가 어렵겠구나."

즉, 형인 진기는 훌륭한 동생인 진심의 형 노릇하기가 힘들 것이고, 동생인 진심은 훌륭한 형인 진기의 동생 노릇하기가 힘들 것이란 뜻이에요. 누가 더 뛰어나고 누가 더 못한지 가릴 수가 없다는 말이에요. 진식은 재치 있게 대답해서 난처한 상황을 무사히 넘어갔어요.

**박쌤 평설**

경쟁하고 비교하면 남보다 낫다는 우월감에 빠지거나 남만 못하다는 열등감을 갖게 됩니다. 문제를 회피한다는 비판을 받을지언정 이것도 좋고 저것도 좋다는 사고가 사람 사이를 더 행복하게 할 때가 있습니다. 그런 점에서 어느 한편의 손을 들어 주지 않은 진식의 대답은 지혜롭습니다.

## 어휘 더 배우기

- 유 백중지세(伯仲之勢): 첫째와 둘째 간의 형세. 힘이나 능력 따위가 서로 엇비슷하다는 뜻이에요.
- 유 용호상박(龍虎相搏): 용과 호랑이가 서로 싸운다. 두 강자끼리 싸우는 것을 의미해요.
- 유 막상막하(莫上莫下): 위도 없고 아래도 없다. 더 낫고 더 못함의 차이가 거의 없다는 뜻이에요.

유는 유사한 말

## 고사성어 따라 쓰기

'난형난제'의 겉뜻과 속뜻을 소리 내어 읽고, 정성껏 두 번 따라 써 보세요.

**난형난제 難兄難弟** 겉뜻 형 노릇도 어렵고 동생 노릇도 어렵다.

속뜻 실력이 서로 엇비슷하다는 뜻입니다.

①

②

## 꼭꼭 실력 다지기

**1** 앞의 글에서 '난형난제'의 뜻이 담긴 문장을 찾아 밑줄을 그어 보세요.

**2** '난형난제'가 들어가는 짧은 문장을 만들어 보세요.

예시 결승전에서 만난 두 선수는 난형난제라서 누가 우승할지 모르겠다.

## 내용 깊게 파고들기

1 진군과 진충이 싸운 이유는 무엇인가요?

2 손자들의 질문에 진식은 왜 난처했나요?

## 생각을 키우는 논술 글쓰기

1 (판단 능력 키우기) 할아버지 진식의 답변이 왜 지혜로운 대답이었는지 생각해 써 보세요.

2 (비판 능력 키우기) 누가 더 낫고 못한지를 비교하는 태도가 어떤 점에서 좋고 나쁜지 써 보세요.

오십보로 백보를 비웃다,

# 오십보백보 五十步百步

다섯 오 열 십 걸음 보 백 백 걸음 보

오십 걸음[五十步]과 백 걸음[百步]. 백 걸음을 도망친 사람이나 오십 걸음을 도망친 사람이나 도망쳤다는 사실은 똑같다는 뜻이에요.

**등장인물**

**맹자:** 공자 뒤에 태어나 유학의 후계자가 된 사람.

**혜왕:** 위나라의 3대 군주. 양혜왕으로도 불림.

맹자는 공자의 뜻을 이어서 유학을 발전시킨 위대한 성인이에요. 맹자는 여기저기 돌아다니며 공자의 가르침을 전했어요. 맹자가 위나라의 혜왕(惠王)을 찾아갔을 때 일이에요. 혜왕은 자기 자랑을 늘어놓으며 말했어요.

"저는 나라를 잘 다스리기 위해 정성을 다 쏟았습니다. 마을에 흉년이 들면 그곳 백성들을 다른 곳으로 옮겨 주었습니다. 이웃 나라를 보아도 저처럼 마음을 쓰는 왕은 없습니다. 그런데 이웃 나라 왕은 저처럼 하지 않는데도 백성들이 줄어들지 않고, 저의 백성들은 늘어나지 않으니 무슨 까닭인가요?"

맹자가 차분하게 대답했어요.

"왕께서 전쟁을 좋아하시니 저도 전쟁으로 비유하겠습니다. 전쟁터에서 힘껏 싸우다가 상황이 불리해진 병사들이 갑옷을 버리고 창을 질질 끌면서 도망친다고 생각해 보십시오. 한 병사는 백 걸음 가다가 멈췄고, 다른 병사는 오십 걸음 가다가 멈추었습니다. 그런데 오십 걸음 도망친 병사가 백 걸음 도망친 병사를 손가락질하며 비겁하다고 비웃는다면 어떻겠습니까?"

혜왕이 말했어요.

"둘 다 똑같은 놈이지요. 백 걸음이나 오십 걸음이나 도망간 건 마찬가지니까요."

그 말을 들은 맹자는 망설이지 않고 말했어요.

"그걸 아신다면 전하의 백성이 이웃 나라보다 많아지기를 바라지 마십시오."

혜왕의 정치는 백성을 먼저 아끼는 정치가 아니라 힘을 키우고 군사력을 강하게 하는 정치였어요. 백성들은 잦은 전쟁으로 고통받고 있었어요. 정도의 차이만 있을 뿐 정치하는 방법이 이웃 나라와 근본적으로 다르지 않았던 것이에요.

**박쌤 평설**

이 이야기는 정도의 차이만 있을 뿐 본질은 똑같은 경우를 비유한 것입니다. 문제를 근본적으로 고치려 하지 않고 얼렁뚱땅 슬쩍 넘어가면 잠깐 동안은 피할 수 있어도 실제로 바뀌는 것은 없습니다. 혜왕이 백성을 늘리려면 백성을 괴롭히는 정치가 아니라 백성을 먼저 보살피는 정치를 해야 했습니다.

## 어휘 더 배우기

- 유 대동소이(大同小異): 큰 차이 없이 거의 같다는 뜻이에요.
- 속 도토리 키 재기: 비슷비슷하여 견주어 볼 필요가 없다는 뜻이에요.
- 유 도긴개긴: 윷놀이를 할 때 말을 도로 잡으나 개로 잡으나 별반 차이가 없을 때 쓰는 말로, 본질적으로는 비슷비슷해서 견줄 필요가 없다는 뜻이에요.

유는 유사한 말, 속은 속담

## 고사성어 따라 쓰기

'오십보백보'의 겉뜻과 속뜻을 소리 내어 읽고, 정성껏 두 번 따라 써 보세요.

**오십보백보 五十步百步** 겉뜻 오십 걸음과 백 걸음.

속뜻 오십 걸음을 도망친 사람이나 백 걸음을 도망친 사람이나 도망쳤다는 사실은 똑같다는 뜻입니다.

①

②

## 꼭꼭 실력 다지기

**1** 앞의 글에서 '오십보백보'의 뜻이 담긴 문장을 찾아 밑줄을 그어 보세요.

**2** '오십보백보'가 들어가는 짧은 문장을 만들어 보세요.

예시 20등을 하나 21등을 하나 오십보백보란다.

## 내용 깊게 파고들기

1 오십 걸음 도망친 사람과 백 걸음을 도망간 사람의 공통점은 무엇인가요?

2 혜왕의 백성이 늘어나지 않은 이유는 무엇인가요?

## 생각을 키우는 논술 글쓰기

1 (판단 능력 키우기) 내가 혜왕이라면 백성의 수를 늘리기 위해 어떤 정책을 펼칠지 구체적으로 써 보세요.

2 (적용 능력 키우기) 별 차이가 없는데도 남을 비웃은 경험이 있다면 그때의 상황과 느낀 점을 써 보세요.

용 눈동자에 점을 찍다,

# 화룡점정 畵龍點睛

그릴 화 용 용 점찍을 점 눈동자 정

용을 그리고[畵龍] 눈동자를[睛] 찍다[點]. 가장 중요한 부분을 완성하거나 끝손질한다는 뜻이에요.

**등장인물**

**장승요:** 중국 양나라의 유명한 화가. 인물화를 잘 그림.

**주지 스님:** 금릉에 있는 절, 안락사의 책임을 맡은 승려.

중국의 양(梁)나라에 장승요라는 화가가 있었어요. 그는 그림을 굉장히 잘 그렸어요. 그가 그림을 그리면 그림 속의 사물이 실제로 살아 있다고 착각할 정도였어요.

하루는 금릉에 있는 안락사의 주지 스님이 찾아와 절의 벽화를 그려 달라고 부탁했어요.

"벽화에는 특별히 한 쌍의 용을 그려 주세요."

주지 스님의 요청에 따라 장승요는 절의 벽화에 용을 그리기 시작했어요. 그림 솜씨가 워낙에 뛰어나서 용이 실제로 구름을 뚫고 하늘로 날아오를 것만 같았어요. 하지만 이상하게도 용의 눈에 눈동자가 없었어요. 그림을 감상하던 사람들이 궁금해서 물었어요.

"왜 용의 눈동자는 그리지 않는 건가요?"

장승요는 침착한 얼굴로 대답했어요.

"용을 그리고 나서 눈동자를 완성하면 용이 하늘로 날아가 버립니다."

그 말을 들은 사람들은 어이가 없었어요.

"나 원, 농담도 잘하시는구려."

어느 누구도 장승요의 말을 믿으려고 하지 않았어요. 오히려 용의 눈동자를 마저 그리라고 다그쳤어요. 장승요는 할 수 없이 한 마리의 용에 눈동자를 그려 넣기 시작했어요. 그때였어요.

"우르르, 꽝!"

장승요가 눈동자를 완성하자마자 갑자기 우레가 울리고 번개가 치더니 벽이 갈라졌어요. 그러더니 한 마리 용이 벽을 차고 먹구름을 뚫고서 하늘로 솟구쳐 올라갔어요. 사람들은 너무 놀라서 입을 딱 벌린 채 하늘만 바라보았어요. 잠시 후 벽을 보니, 눈동자를 그리지 않은 용만 남아 있었어요.

**박쌤 평설**

99퍼센트 잘하고도 1퍼센트를 소홀히 하면 실패할 수 있습니다. 마지막 남은 1퍼센트까지 정성을 다해 끝마무리할 때 좋은 결실을 맺습니다. 공자는 말합니다. "배움은 비유하자면 산을 쌓는 것과 같다. 마지막 한 삼태기를 붓지 않아 산을 이루지 못하는 것도 나 자신이 그만두는 것이다."

## 어휘 더 배우기

- 반 **공휴일궤(功虧一簣)**: 성공이 삼태기 하나에서 무너진다. 한 삼태기만 쌓으면 다 될 뻔했는데 그만둔다는 데서 나온 말로, 거의 성공한 일을 그만두어서 아무 보람이 없게 되는 것을 말해요.
- 반 **다 된 밥에 재 뿌린다**: 거의 다 된 일을 끝판에 우연한 일로 망친다는 뜻이에요.

반은 반대말

## 고사성어 따라 쓰기

'화룡점정'의 겉뜻과 속뜻을 소리 내어 읽고, 정성껏 두 번 따라 써 보세요.

**화룡점정** 畫龍點睛 **겉뜻** 용을 그리고 눈동자를 찍다.

**속뜻** 가장 중요한 부분을 완성하거나 끝손질한다는 뜻입니다.

①

②

## 꼭꼭 실력 다지기

**1** 앞의 글에서 '화룡점정'의 뜻이 담긴 문장을 찾아 밑줄을 그어 보세요.

**2** '화룡점정'이 들어가는 짧은 문장을 만들어 보세요.

**예시** 연말 가요제의 화룡점정은 방탄소년단의 등장이었다.

## 내용 깊게 파고들기

1 장승요는 왜 용의 눈동자를 그리지 않았나요?

2 사람들이 장승요의 말을 믿지 않았던 이유는 무엇인가요?

## 생각을 키우는 논술 글쓰기

1 (판단 능력 키우기) 첫 시작과 끝마무리 가운데 무엇이 더 중요하다고 생각하는지 써 보세요.

2 (적용 능력 키우기) 마지막에 끝마무리를 잘하지 못해서 아쉬웠던 경험이 있나요? 있다면 그 때의 상황과 느낀 점을 써 보세요.

반딧불에 비춰 책을 읽다,

# 형설지공 螢雪之功

반딧불이 **형** 눈 **설** 어조사 **지** 공 **공**

반딧불이[螢]와 눈[雪]빛으로 이룬 성공[功]. 큰 어려움을 이겨 내고 열심히 공부하여 성공한다는 뜻이에요.

**등장인물**

**차윤:** 진(晉)나라 효무제 때 인물. 부지런하고 생각이 깊은 사람.

**손강:** 진(晉)나라 효무제 때 인물. 마음이 맑고 곧은 사람.

진(晉)나라의 차윤(車胤)은 부지런하고 생각이 깊은 사람이었어요. 차윤은 공부를 무척 좋아해서 손에서 책을 놓지 않았어요. 하지만 집이 무척 가난했어요. 차윤은 집안에 작은 도움이라도 주고 싶어서 낮에는 밖에 나가 일을 했어요. 밤에 공부를 하려고 했는데, 책을 읽으려면 등불을 밝힐 기름이 필요했어요. 하지만 기름을 살 돈이 없었어요. 차윤은 무슨 방법이 없을까 고민하다가 갑자기 좋은 생각이 떠올랐어요.

"그래, 반딧불이를 잡으면 되겠구나!"

차윤의 집은 시골이라 밤이면 집 근처에 수많은 반딧불이가 날아다녔어요. 차윤은 얇은 명주로 주머니를 만들었어요. 그러고는 밤마다 반딧불이 수십 마리를 잡아서 주머니에 넣었어요. 주머니 안은 수많은 반딧불이 덕분에 반짝반짝 빛이 났어요. 차윤은 그 빛 아래에서 밤새워 책을 읽었어요. 열심히 노력한 결과 마침내 관직에 나아갈 수 있었어요. 차윤은 차근차근 벼슬이 올라가 이부상서가 되었어요. 차윤은 이야기를 재미있게 하는 재주가

있었어요. 큰 잔치가 있을 때 차윤이 오지 않으면 사람들은 입을 모아 말했어요.

"차 공이 오지 않으니 흥이 나지 않는구나."

한편, 진나라에 손강(孫康)이라는 사람도 있었어요. 손강은 마음이 맑고 곧았어요. 하지만 그도 집이 너무 가난해서 기름 살 돈을 마련할 수 없었어요. 추운 겨울이 되면 날이 일찍 어두워져 밤이 더욱 길었어요. 손강은 책을 읽을 수 없어서 속상했어요. 창밖을 바라보던 손강은 퍼뜩 좋은 생각이 떠올랐어요. 집 밖엔 밤새 쌓인 눈이 세상을 환히 비추고 있었어요.

"아! 눈빛에 비추어 글을 읽으면 되겠다."

손강은 창 옆에 바짝 다가가 눈빛에 책을 비춰 가며 글을 읽기 시작했어요. 매일매일 밤을 새워 공부한 결과 벼슬이 어사대부까지 올랐어요.

반딧불이와 눈빛에 비추어 매일매일 공부한 결과, 두 사람은 자신이 원하는 목표를 이룰 수 있었어요.

**박쌤 평설**

한 실험 결과에 의하면 반딧불과 눈빛으로 글을 읽기는 거의 불가능하다고 합니다. 하지만 그러한 일이 가능한지 아닌지를 따지기보다는 이 고사가 우리에게 전하려 하는 교훈이 무엇인지에 귀를 기울여야 합니다. 오늘날에는 삶이 참 편리해졌지만 어려운 환경을 이겨 내고 열심히 배우려는 열정은 부족해졌습니다. 반딧불과 눈빛에 비추어 글을 읽던 뜨거운 독서 정신을 깊이 새겨야 합니다.

## 어휘 더 배우기

- 유 **주경야독(晝耕夜讀):** 낮에는 농사를 짓고 밤에는 책을 읽는다. 바쁘고 힘든 가운데서도 열심히 공부한다는 뜻이에요.
- 속 **공든 탑이 무너지랴:** 열심히 노력하여 이룬 일은 헛되지 않고 그만한 보람이 찾아온다는 뜻이에요.

유는 유사한 말, 속은 속담

## 고사성어 따라 쓰기

'형설지공'의 겉뜻과 속뜻을 소리 내어 읽고, 정성껏 두 번 따라 써 보세요.

**형설지공 螢雪之功** 겉뜻 반딧불이와 눈빛으로 이룬 성공.

속뜻 큰 어려움을 이겨 내고 열심히 공부하여 성공한다는 뜻입니다.

①

②

## 꼭꼭 실력 다지기

**1** 앞의 글에서 '형설지공'의 뜻이 담긴 문장을 찾아 밑줄을 그어 보세요.

**2** '형설지공'이 들어가는 짧은 문장을 만들어 보세요.

예시 철수는 어려운 환경에도 형설지공으로 공부하여 선생님이 되었다.

## 내용 깊게 파고들기

**1** 차윤은 왜 밤마다 반딧불이를 잡아서 공부했나요?

**2** 차윤과 손강의 공통점을 두 가지 이상 찾아 써 보세요.

## 생각을 키우는 논술 글쓰기

**1** (판단 능력 키우기) 차윤과 손강이 가난한 현실에도 불구하고 성공할 수 있었던 이유를 생각해 써 보세요.

**2** (적용 능력 키우기) 차윤과 손강의 이야기가 전하는 교훈은 무엇인지 써 보세요.

물을 등지고 진 치다,

# 배수진 背水陣

등질 배 물 수 진 칠 진

물을 등지고[背水] 진을 치다[陣]. 일에 임해 죽기를 각오하고 싸우려는 마음이에요.

**등장인물**

**한신:** 유방의 참모. 머리가 뛰어나 유방이 한나라를 세우는 데 큰 활약을 함.

**유방:** 한나라의 1대 황제. 최고의 경쟁자인 항우를 이기고 한나라를 세움.

명장 한신은 한나라를 세우는 데 큰 역할을 한 장군이에요. 한신이 조나라를 공격할 때 일이에요. 유방의 부하였던 한신은 명령에 따라 병사 수만 명을 이끌고 조나라를 공격하기로 했어요. 조나라는 이십만 명의 병사를 내세워 한나라가 들어오는 길목에 방어선을 만들었어요.

한신은 실력이 좋은 병사 이천 명을 뽑아서 조나라의 성 바로 뒤에 숨게 했어요. 그러곤 계획을 알려 주었어요.

"우리 군대가 싸우다가 일부러 달아나도록 할 것이다. 그러면 조나라 군대는 신이 나서 모두 성에서 빠져나와 우리 군대를 쫓아올 것이다. 너희들은 그때 재빨리 성벽에 올라가 조나라의 깃발을 뽑아 버리고 한나라의 붉은 깃발을 꽂거라."

그러고는 병사 일만 명을 이끌고 강을 등진 채 진을 쳤어요. 멀리서 엿보던 조나라 군사는 크게 비웃었어요. 병법서에서는 강을 등지고 진을 치면 안 된다고 가르쳐요. 만약 싸움에 불리하게 되면 도망할 길이 없어져 버려 전부 죽을 수 있기 때문이에요.

날이 밝자 한신은 대장기를 앞세우고 조나라 성을 향해 쳐들어갔어요. 조나라 군사들도 성에서 나와 한나라 군대를 공격했어요. 한신은 싸움에서 지는 척하면서 배수진을 친

곶까지 후퇴했어요. 승기를 잡았다고 생각한 조나라에서는 모든 병력이 성을 비우고 나와서 한신의 군대를 맹렬히 쫓아갔어요. 이때를 노려 한신이 숨겨 놓은 병사 이천 명은 성으로 들어가 조나라의 깃발을 모조리 뽑아 버리고, 한나라의 깃발을 꽂았어요.

한편, 강을 등지고 진을 친 한나라 군사들은 도망쳐 봤자 물귀신이 될 것이 뻔하므로 죽기 살기로 싸웠어요. 그러자 양쪽의 싸움 형편이 비슷해졌어요. 싸우다 지친 조나라 군대는 일단 성으로 돌아가기로 했어요. 그러나 성에는 이미 한나라 깃발이 펄럭이고 있었어요. 조나라 군사들은 크게 당황해서 우왕좌왕했어요. 그 기회를 놓치지 않고 한나라 군사들은 조나라 군대를 단숨에 무찔렀어요.

승리를 축하하는 자리에서 부하 장수들이 한신에게 물었어요.

"병법에는 산과 언덕은 등지고 물은 앞으로 두라고 했는데, 오늘 장군께서는 물을 등지고 진을 치게 하셨습니다. 그런데 결국 전쟁에서 이겼으니, 이것이 무슨 전술입니까?"

한신이 빙긋 웃으며 대답했어요.

"병법에는 죽을 곳에 빠뜨린 뒤에라야 비로소 살아날 수 있고, 망할 곳에 두어야 망하지 않는다고 했소. 그래서 우리 병사들을 죽을 상황에 놓이게 하여 죽기 살기로 싸우게 한 것이오."

**박쌤 평설**

물을 등지고 싸우면 불리할 때 도망갈 길이 막혀서 꼼짝없이 다 죽을 수도 있습니다. 그러나 한신은 거꾸로 해서 이겼습니다. 때로는 원칙과 반대로 해서 이기기도 합니다.

## 어휘 더 배우기

- 유 **파부침주(破釜沈舟)**: 솥을 깨뜨리고 배를 가라앉히다. 솥을 깨뜨려 다시 밥을 짓지 않고 배를 가라앉혀 강을 건너 돌아가지 않는다는 뜻으로, 죽을 힘을 다해 싸우는 것을 의미해요.
- 유 **사즉필생(死卽必生)**: 죽고자 생각하면 반드시 살아난다. 어떤 일을 할 때 물러서지 않고 각오를 단단히 하면 어려운 일도 해낼 수 있다는 뜻이에요.

유는 유사한 말

## 고사성어 따라 쓰기

'배수진'의 겉뜻과 속뜻을 소리 내어 읽고, 정성껏 두 번 따라 써 보세요.

**배수진 背水陣** 겉뜻 물을 등지고 진을 친다.

속뜻 일에 임해 죽기를 각오하고 싸우려는 마음입니다.

①

②

## 꼭꼭 실력 다지기

**1** 앞의 글에서 '배수진'의 뜻이 담긴 문장을 찾아 밑줄을 그어 보세요.

**2** '배수진'이 들어가는 짧은 문장을 만들어 보세요.

예시 두 팀은 배수진을 치고 죽기 살기로 경기를 펼쳤다.

## 내용 깊게 파고들기

**1** 병법서에서는 왜 물을 등지고 진을 치지 말라고 가르치나요?

**2** 한나라 군사들이 열 배 이상 많은 조나라 군사와 싸워도 불리하지 않았던 이유는 무엇일까요?

## 생각을 키우는 논술 글쓰기

**1** (판단 능력 키우기) 한신이 병법서와 정반대로 배수진을 치고 싸운 까닭은 무엇인지 생각해 써 보세요.

**2** (비판 능력 키우기) 배수진을 쳐서 병사들을 죽을 상황에 놓이게 해 죽기 살기로 싸울 수밖에 없는 상황을 만든 한신을 장수로서 평가해 보세요.

## 내 맘대로 고사성어 바꾸기

◆ 아래 예시처럼 밑줄 그은 부분의 글자를 바꿔서 뜻이 비슷한 다른 고사성어를 만들어 보세요. 문법에 다소 어긋나지만 재미있게 만들어도 좋습니다.

예) **화룡점정 → 화조점정**

뜻 새를 그리고 눈동자를 찍다.

① 난형난제

바꾼 고사성어

뜻

② 오십보백보

바꾼 고사성어

뜻

③ 형설지공

바꾼 고사성어

뜻

④ 배수진

바꾼 고사성어

뜻

# 5주

# 고사성어 익히고, 글쓰기 활동하기

### 내 마음 알아준 오직 한 사람,

# 관포지교 管鮑之交

대롱 관 성씨 포 어조사 지 사귈 교

관중[管]과 포숙아[鮑]의 사귐[交]. 관중과 포숙아의 우정과 같이 아주 친한 사귐을 뜻해요.

**등장인물**

**관중:** 제나라의 정치가. 포숙아의 도움으로 제나라 재상이 됨.

**포숙아:** 제나라의 정치가. 관중의 고향 친구로 관중을 끝까지 믿고 도와줌.

제나라에 관중과 포숙아라는 청년이 있었어요. 두 청년은 어릴 적부터 둘도 없이 친했어요. 그런데 관중은 집이 가난했어요. 함께 일할 때면 관중은 포숙아를 속여 이익을 더 챙겼어요. 포숙아는 다 알고 있었지만 단 한 번도 따지거나 기분 나쁜 표정을 짓지 않았어요.

세월이 흘러 두 사람은 각기 다른 사람을 섬기게 되었어요. 포숙아는 소백의 관리가 되었고, 관중은 규의 관리가 되었어요. 소백과 규는 그 당시 나라를 포악한 정치로 다스리던 제양공의 동생이었어요. 얼마 안 가 제양공이 죽자 소백과 규는 서로 왕이 되기 위해 싸웠어요. 소백이 싸움에 이겨 제나라의 환공이 되었어요. 규는 싸움에 져서 죽고 말았어요. 규를 섬겼던 관중도 감옥에 갇혀 죽을 처지에 놓이게 되었어요. 이때 포숙아는 관중을 풀어 주었을 뿐만 아니라 환공에게 그를 적극적으로 추천했어요.

"관중은 재주가 많고 머리가 대단히 뛰어납니다. 그를 쓰신다면 분명코 제나라와 전하를 위해 큰일을 할 것입니다."

환공은 충신인 포숙아의 말을 믿고 관중에게 높은 벼슬을 내렸어요. 포숙아는 환공에게 감사하며 관중의 벼슬이 자신보다 높아졌는데도 기뻐했어요. 훗날 환공은 천하를 주무르는 큰 힘을 갖게 되었는데, 이는 모두 능력이 뛰어난 관중의 도움 덕분이었어요. 제나라 사람들이 관중을 칭찬하자, 관중은 고개를 가로저으며 말했어요.

"내가 젊은 시절에 포숙아와 장사를 한 적이 있었습니다. 이익을 나눌 때마다 내가 더 많이 차지했으나 포숙아는 한 번도 나를 욕심쟁이라고 욕하지 않았습니다. 내가 가난한 것을 알았기 때문입니다. 예전에 나는 세 번이나 벼슬길에 나갔지만, 세 번 다 임금에게 쫓겨났습니다. 그러나 포숙아는 나를 능력이 없다고 비웃지 않았습니다. 내가 아직 때를 못 만난 것을 알았기 때문입니다. 내가 세 번 전쟁에 나갔다가 세 번 모두 도망쳐 왔지만, 포숙아는 나를 겁쟁이라고 놀리지 않았습니다. 내게 늙은 어머니가 계시다는 것을 헤아렸기 때문입니다. 내가 모셨던 규가 싸움에 졌을 때 나는 목숨을 끊지 않고 감옥에 갇히는 굴욕을 당했습니다. 그때도 포숙아는 나를 부끄러워하지 않았습니다. 내가 사소한 일에는 부끄러워하지 않고 이름도 없이 죽는 것을 부끄러워하는 것을 알아보았기 때문입니다. 나를 낳아 준 이는 부모님이지만, 나를 알아준 이는 포숙아입니다. 지금의 내가 있을 수 있는 건 다 포숙아 덕분입니다."

**박쌤 평설**

관중과 포숙아의 우정도 멋지지만, 실망을 안겨 준 친구를 끝까지 믿고 끌어올려 준 포숙아의 현명함이야말로 진짜 멋진 모습입니다.

## 어휘 더 배우기

- 유 지음(知音): 마음이 서로 통하는 친한 친구를 뜻해요.
- 유 수어지교(水魚之交): 물과 물고기의 관계처럼 아주 친하여 떨어질 수 없는 사이를 뜻해요.
- 유 막역지우(莫逆之友): 거스를 수 없는 사이. 허물없이 아주 친한 친구를 뜻해요.

유는 유사한 말

## 고사성어 따라 쓰기

'관포지교'의 겉뜻과 속뜻을 소리 내어 읽고, 정성껏 두 번 따라 써 보세요.

**관포지교 管鮑之交** 겉뜻 관중과 포숙아의 사귐.

속뜻 관중과 포숙아의 우정과 같이 아주 친한 사귐을 뜻합니다.

①

②

## 꼭꼭 실력 다지기

**1** 앞의 글에서 '관포지교'의 뜻이 담긴 문장을 찾아 밑줄을 그어 보세요.

**2** '관포지교'가 들어가는 짧은 문장을 만들어 보세요.

예시 관포지교 사이였던 두 친구가 한 순간의 오해로 갈라서고 말았다.

## 내용 깊게 파고들기

**1** 관중이 포숙아를 속일 때 포숙아는 왜 관중에게 따지지 않았나요?

**2** 포숙아가 감옥에 갇힌 관중을 풀어 주고 환공에게 적극 추천한 이유는 무엇인가요?

## 생각을 키우는 논술 글쓰기

**1** (비판 능력 키우기) 친구가 범죄를 저질렀을 때 숨겨 주는 것이 옳은가요, 신고하는 것이 옳은가요? 내 생각을 써 보세요.

**2** (적용 능력 키우기) 친구 관계를 오래 유지하기 위해 조심해야 할 점은 무엇인지 생각해 써 보세요.

인재를 얻는 방법,

# 삼고초려 三顧草廬

셋 삼 돌아볼 고 풀 초 오두막 려

오두막집[草廬]을 세 번[三] 찾아가다[顧]. 인재를 얻기 위해서 상대방에게 예를 다하는 태도를 말해요.

**등장인물**

**유비:** 중국 삼국 시대에 관우, 장비와 함께 의형제를 맺고 촉한이라는 나라를 세움.

**관우:** 촉한의 장군. 유비를 곁에서 모시며 큰 공을 세움. 동양 사회에서 의리의 상징으로 여겨짐.

**장비:** 촉한의 장군. 관우와 함께 유비를 정성을 다해 섬김.

**조조:** 중국 삼국 시대에 유비와 겨루던 장수. 머리가 뛰어났으며 위나라를 세움.

**사마휘:** 전쟁을 피해 숨어 살던 선비. 유비에게 제갈량을 추천함.

**제갈량:** 동양에서 가장 뛰어난 전략가. 유비를 도와 촉한을 세우며 제갈공명, 또는 와룡 선생이라고 불림.

《삼국지》에 나오는 유비는 덕(德)이 많은 사람이에요. 유비는 관우, 장비와 의형제를 맺고 한(漢)나라를 일으키기 위해 힘을 쏟았어요. 그러나 경쟁자였던 조조와의 싸움에 밀려 세월을 헛되이 보내고 있었어요. 유비는 뛰어난 전략가를 구하고 싶어서 여기저기 인재를 찾아다녔어요.

그러던 중 숨어 사는 선비인 사마휘를 만났어요. 사마휘는 사람을 보는 눈이 남달랐어요. 유비는 사마휘에게 뛰어난 전략가를 추천해 달라고 부탁했어요. 사마휘가 말했어요. "와룡(臥龍)인 제갈량과 봉추(鳳雛)인 방통 가운데 한 사람을 선택하시지요." 유비가 말했어요. "와룡을 택하겠습니다. 당신이 그를 데려올 수 있습니까?" 사마휘는 고개를 저었어요. "그를 가서 볼 수는 있지만 억지로 오게 할 수는 없습니다. 장군께서 몸소 몸을 굽혀서 찾아가셔야 합니다."

유비는 의형제를 맺은 장비, 관우와 함께 선물을 잔뜩 싣고 양양에 있는 제갈량의 초가집을 찾아갔어요. 그러나 아쉽게도 제갈량은 서촉 지방으로 여행을 가고 없었어요.

헛걸음을 한 유비는 다시 두 번째로 제갈량의 집을 찾아갔어요. 그러나 이번에도 제갈량은 보이지 않았어요. 다음 해 봄, 유비는 또다시 제갈량을 찾아가기로 했어요. 장비와 관우는 두 번이나 헛수고를 했으니 그만 찾아가자고 투덜댔어요. 그러나 유비는 기어코 제갈량의 집을 찾아갔어요. 이번엔 제갈량이 집에서 낮잠을 자고 있었어요. 유비는 제갈량이 깨어 일어날 때까지 기다렸어요. 그리하여 마침내 유비와 제갈량의 역사적인 첫 만남이 이루어졌어요. 이때 제갈량의 나이는 스물일곱이었고 유비는 마흔일곱이었어요. 무려 스무 살 차이였어요. 제갈량은 보잘것없는 자신을 세 번이나 몸을 굽혀 찾아온 유비에게 깊이 감동했어요. 하지만 세상으로 나가고 싶은 마음은 없었어요. 유비는 눈물을 흘리며 무릎을 꿇었어요. "선생께서 나서지 않으면 피 흘려 죽어 가는 수많은 백성은 어찌하란 말입니까?" 제갈량은 더 이상 거부하지 못하고 마침내 유비의 참모가 되었어요.

제갈량을 얻은 유비는 적벽대전에서 조조의 백만 대군을 무찌르는 등 수많은 공을 세웠어요. 《출사표(出師表)》라는 글에서, 제갈량은 유비에게 감동했던 마음을 이렇게 표현했어요. "저는 낮고 천한 신분이었는데도 유비 장군께서는 친히 몸을 낮추어 저의 초가를 세 번씩이나 찾아 주셨습니다. 이에 저는 감격하여 장군께 몸을 바치기로 결심한 것입니다."

**박쌤 평설**

높은 신분이었던 유비는 아무런 벼슬도 없이 산에 묻혀 사는 데다가 자신보다 나이가 훨씬 어린 제갈량에게 세 번이나 몸을 굽혔습니다. 제갈량을 얻은 결과 전쟁을 승리로 이끌고 수많은 백성을 구할 수 있었습니다. 이렇듯 원하는 것을 얻기 위해서는 자존심을 굽힐 줄 알아야 합니다.

**어휘 더 배우기**

- **속** 하늘은 스스로 돕는 자를 돕는다: 어떤 일을 이루기 위해서는 자신의 노력이 중요하다는 뜻입니다.
- **유** 십벌지목(十伐之木): 열 번 찍어 안 넘어가는 나무 없다. 안 될 것 같던 일도 계속해서 시도하면 이루어진다는 뜻입니다.

**속**은 속담, **유**는 유사한 말

## 고사성어 따라 쓰기

'삼고초려'의 겉뜻과 속뜻을 소리 내어 읽고, 정성껏 두 번 따라 써 보세요.

**삼고초려 三顧草廬** 겉뜻 오두막집을 세 번 찾아가다.

속뜻 인재를 얻기 위해서 상대방에게 예를 다하는 태도를 말합니다.

①

②

## 꼭꼭 실력 다지기

**1** 앞의 글에서 '삼고초려'의 뜻이 담긴 문장을 찾아 밑줄을 그어 보세요.

**2** '삼고초려'가 들어가는 짧은 문장을 만들어 보세요.

예시 그렇게 유명한 강사님을 모셔 오려면 삼고초려라도 해야지.

## 내용 깊게 파고들기

**1** 유비는 왜 세 번이나 제갈량의 집을 찾아갔나요?

**2** 제갈량이 유비의 참모가 되기로 결심한 이유는 무엇인가요?

## 생각을 키우는 논술 글쓰기

**1** (비판 능력 키우기) 유비가 자신보다 신분이 낮은 제갈량에게 고개를 숙인 행동은 어떠한지 평가해 보세요.

**2** (판단 능력 키우기) 마음에 드는 친구를 내 편으로 만들 좋은 방법을 생각해 써 보세요.

사방에서 들려오는 초나라 노래,

# 사면초가 四面楚歌

넷 사 방면 면 초나라 초 노래 가

사방[四面]에서 초나라 노래를 부르다[楚歌]. 사방이 적으로 둘러싸여 꼼짝하지 못하는 상태를 말해요.

**등장인물**

**항우:** 초나라의 왕. 유방과 함께 진나라를 무너뜨림.

**유방:** 한나라의 1대 황제. 최고의 라이벌인 항우를 이기고 한나라를 세움.

초나라 왕인 항우와 한나라 왕인 유방은 서로 힘을 합쳐 진(秦)나라를 무너뜨렸어요. 그러고는 초나라 땅과 한나라 땅을 나누기로 하고 서로 휴전을 맺기로 했어요. 항우는 초나라의 수도인 팽성으로 군대를 이끌고 갔어요. 유방도 곧 한나라로 돌아가기로 했어요. 그런데 유방의 참모들이 말렸어요.

"지금 한나라는 천하의 절반을 차지했고 제후들도 모두 한나라로 들어왔습니다. 그러나 초나라 군사들은 지치고 식량도 떨어져서 자신감이 땅에 떨어졌습니다. 이때를 이용해서 초나라를 공격하십시오. 그렇지 않으시면 나중에 반드시 후회하실 것입니다."

유방은 다시 말머리를 돌려 항우의 군대가 있는 곳까지 쫓아갔어요. 초나라 군대는 군사도 적은 데다 식량까지 떨어져서 의욕이 많이 떨어져 있는 상황이었어요. 한나라 군대에게 포위까지 당하자 싸울 마음이 완전히 사라졌어요.

한밤중이 되자 한나라 군사들은 사방에서 초나라의 노래를 불렀어요. 실제로는 한나라에 항복한 초나라 병사들에게 고향 노래를 부르게 한 것이었지요. 지치고 굶주렸던 초나라 군사들은 그리운 고향 노랫소리에 눈물을 흘렸고, 도망치는 군사까지 생겼어요. 항우도 깜짝 놀랐어요.

"아니, 한나라가 벌써 초나라 땅을 모두 차지했단 말인가? 어찌 초나라 사람이 저리도 많은가?"

모든 것이 끝났다고 생각한 항우는 마지막 술자리를 열었어요. 그리고 아끼는 여인인 우희와 명마인 추를 곁에 두고 술잔을 기울이며 눈물을 머금고 노래했어요.

"힘은 산을 뽑을 만했고 의기는 세상을 덮을 만했지만 때가 도와주지 않으니 명마 추도 나가지 않는구나.

추가 가지 않으니 어찌하면 좋을까?

우희여, 우희여! 너를 어찌할 거나."

우희는 마침내 항우의 보검을 뽑아 스스로 목숨을 끊었어요. 항우는 겨우 포위망을 뚫고 탈출했지만 이내 체념하고 스스로 목을 찔렀어요. 이때 항우의 나이 서른한 살이었어요.

**박쌤 평설**

항우는 마지막으로 다음과 같은 말을 남겼습니다. "내가 지금 어려운 지경에 이르렀으니 이는 하늘이 나를 망하게 하는 것이지 결코 내가 싸움을 잘하지 못한 죄가 아니다." 참으로 항우다운 말입니다.

## 어휘 더 배우기

- 유 풍전등화(風前燈火): 바람 앞의 등불이란 뜻으로, 매우 위태로운 처지를 말해요.
- 유 고립무원(孤立無援): 남의 도움을 받을 데가 전혀 없다는 뜻이에요.

유는 유사한 말

## 고사성어 따라 쓰기

'사면초가'의 겉뜻과 속뜻을 소리 내어 읽고, 정성껏 두 번 따라 써 보세요.

**사면초가 四面楚歌** **겉뜻** 사방에서 초나라 노래를 부르다.

**속뜻** 사방이 적으로 둘러싸여 꼼짝하지 못하는 상태를 말합니다.

①

②

## 꼼꼼 실력 다지기

**1** 앞의 글에서 '사면초가'의 뜻이 담긴 문장을 찾아 밑줄을 그어 보세요.

**2** '사면초가'가 들어가는 짧은 문장을 만들어 보세요.

**예시** 피구 경기에서 우리 편은 상대편에 둘러싸여 사면초가의 위기에 빠졌다.

## 내용 깊게 파고들기

1 유방은 왜 협정을 어기고 초나라 군대를 공격했나요?

2 항우가 모든 것이 끝났다고 생각한 이유는 무엇인가요?

## 생각을 키우는 논술 글쓰기

1 (판단 능력 키우기) 한나라 군대가 왜 사방에서 초나라의 노래를 불렀는지 생각해 써 보세요.

2 (이해 능력 키우기) 항우처럼 위기에 처할 때 '호랑이에게 물려 가도 정신만 차리면 산다'는 속담이 필요할지도 몰라요. 이 속담의 의미를 생각해 써 보세요.

산을 옮기는 믿음,

# 우공이산 愚公移山

어리석을 우 어르신 공 옮길 이 산 산

우공(愚公)이 산[山]을 옮기다[移]. 무슨 일이든 중단 없이 노력하면 반드시 이루어진다는 뜻이에요.

**등장인물**

**우공(愚公):** 아흔 살의 노인. 우공은 어리석은 늙은이란 뜻.

**지수(智叟):** 이웃 마을 사람. 지수는 지혜로운 늙은이란 뜻.

**산신령:** 산을 맡아 지켜 주는 수호신.

**옥황상제:** 세상을 다스리는 신.

옛날에 아흔 살이나 된 우공이 살고 있었어요. 우공과 가족은 밖을 나갈 때면 늘 한숨을 푹 내쉬었어요. 집 앞에 큰 산 두 개가 가로막고 있어서 길을 멀리 돌아가야 했거든요. 어느 날 우공은 산을 옮겨야겠다고 결심하고 가족 회의를 열었어요.

"집 앞에 큰 산 두 개가 버티고 있으니 너무 불편하구나. 우리가 힘을 합쳐서 산을 옮겨야겠다."

자식들은 아버지의 뜻에 따르기로 했어요. 하지만 우공의 아내는 반대했어요.

"쯧쯧. 당신 나이에 돌덩이 하나라도 옮길 힘이 어디 있어요? 설령 산을 옮긴다 해도 그 많은 흙과 돌은 어디에다 버리려고요?"

우공은 자신 있게 대답했어요.

"그것도 내가 생각해 두었소. 흙과 돌은 멀리 있는 발해에 갖다 버리면 되오."

아내도 우공의 생각을 꺾을 수 없었어요. 다음 날부터 우공과 아들, 손자들은 산을 옮기기 시작했어요. 돌을 쪼개고 흙을 나르는 일이 날마다 계속되었어요. 흙을 발해만까지 옮기는 데만 꼬박 일 년이 걸렸어요. 사람들은 우공을 비웃었어요. 이웃 마을에 사는 지수라는 사람은 더욱 비꼬았어요.

"살아 있는 동안에 옮기지도 못할 텐데 뭔 쓸데없는 짓인가? 도대체 정신이 있는가?"

우공은 아랑곳하지 않았어요.

"살아 있는 동안에 산을 옮기지 못하면 어떤가? 내가 죽으면 내 아들이 계속 옮기고, 또 아들의 아들이 옮기고, 또 아들의 아들의 아들이 옮기면 되지. 꾸준히 노력하다 보면 언젠가는 산을 옮길 수 있지 않겠나?"

우공의 말에 말문이 막힌 지수는 머리를 긁적이며 돌아갔어요. 그런데 정작 가장 당황한 것은 그 산을 지키는 산신령이었어요. 이렇게 계속해서 산을 허물면 언젠가는 산이 없어질 수도 있겠다는 생각이 들었어요. 겁이 난 산신령은 옥황상제에게 그 사실을 알렸어요. 상황을 보고 받은 옥황상제는 오히려 우공의 정성과 노력에 크게 감동했어요.

"그 정성이 정말 기특하구나. 저 산을 옮겨 주어야겠다."

옥황상제의 명령을 받은 사신들은 두 산을 번쩍 업어 다른 곳으로 옮겨 주었어요.

**박쌤 평설**

낙숫물이 바위를 뚫는다는 말이 있습니다. 물방울은 약하지만 날마다 같은 곳에 떨어지다 보면 언젠가는 단단한 바위도 뚫게 됩니다. 할 수 있다는 믿음은 산을 옮깁니다. 하늘은 스스로 돕는 자를 반드시 도와줍니다.

## 어휘 더 배우기

**유** 마부작침(磨斧作針): 도끼를 갈아 바늘을 만들다. 아무리 어려운 일이라도 끈기를 갖고 노력하면 반드시 이룰 수 있다는 뜻이에요.

**속** 지성이면 감천: 지극한 정성에는 하늘도 감동한다. 무엇이든 열심히 노력하면 하늘이 마음을 움직여서 좋은 결과를 맺는다는 뜻이에요.

**유**는 유사한 말, **속**은 속담

## 고사성어 따라 쓰기

'우공이산'의 겉뜻과 속뜻을 소리 내어 읽고, 정성껏 두 번 따라 써 보세요.

**우공이산** 愚公移山　겉뜻 우공이 산을 옮기다.

속뜻 무슨 일이든 중단 없이 노력하면 반드시 이루어진다는 뜻입니다.

①

②

## 꼭꼭 실력 다지기

**1** 앞의 글에서 '우공이산'의 뜻이 담긴 문장을 찾아 밑줄을 그어 보세요.

**2** '우공이산'이 들어가는 짧은 문장을 만들어 보세요.

예시 우공이산의 마음으로 계속 도전하면 언젠가는 반드시 성공할 거야.

## 내용 깊게 파고들기

**1** 지수는 왜 우공을 비웃었나요?

**2** 옥황상제가 산을 옮겨 준 이유는 무엇인가요?

## 생각을 키우는 논술 글쓰기

**1** (적용 능력 키우기) 우공은 어리석은 늙은이란 뜻입니다. 산을 옮긴다는 생각은 어리석어 보였지만 결국 우공은 자신의 목표를 이룰 수 있었습니다. 어리석어 보이는 우공이 목표를 이룰 수 있었던 이유는 무엇일까요?

**2** (창의력 키우기) 우공의 경우처럼 집 앞을 큰 산이 가로막아 불편하다면 나는 어떤 방법으로 해결할지 써 보세요.

쓸개를 맛보며 잊지 않다,

# 와신상담 臥薪嘗膽

누울 와 땔나무 신 맛볼 상 쓸개 담

장작더미[薪]에 눕고[臥] 쓸개[膽]를 맛보다[嘗]. 어떤 목적을 이루기 위해 괴로움이나 고통을 참고 견딘다는 뜻이에요.

**등장인물**

**합려**: 오나라의 왕. 부차의 아버지. 구천에게 져서 죽음.

**부차**: 합려의 아들. 아버지의 원수를 갚기 위해 복수의 칼날을 품음.

**구천**: 월나라의 왕. 합려와의 싸움에서 승리를 거둠.

**오자서**: 오나라의 재상. 본래 초나라 사람이지만 오나라 합려의 신하가 됨.

오나라와 월나라는 원수 사이였어요. 늘 서로를 공격하기 위해 호시탐탐 기회를 노렸지요. 마침내 오나라 왕 합려가 월나라로 쳐들어갔어요. 그러나 합려는 싸움을 하던 중에 월나라 왕인 구천에게 져서 손가락에 화살을 맞았어요. 부상은 나날이 심해져서 목숨이 위험해졌어요. 합려는 죽기 전에 아들인 부차를 불렀어요.

"아들아, 부디 내 원수를 대신 갚아다오."

아버지의 뒤를 이어 왕이 된 부차는 아버지의 유언을 잊지 않겠다고 다짐했어요. 장작더미 위에 자리를 펴고 잠을 자며, 날마다 복수의 마음을 불태웠어요.

이 소문을 들은 월나라의 구천은 마음이 불안했어요.

"그놈이 쳐들어오기 전에 내가 쳐들어가야겠다."

구천은 먼저 오나라를 공격했어요. 그러나 복수의 칼날을 품은 부차를 이길 수 없었어요. 결국 구천은 회계산에서 부차에게 항복했어요. 구천은 바닥에 엎드려 부차의 발을 닦았아요. 부차는 승리의 기쁨에 젖어 구천을 용서하고 월나라로 되돌려 보냈어요.

그러자 신하인 오자서가 구천을 죽여야 한다고 간곡히 말했어요.

"전하, 구천을 살려 두면 나중에 반드시 후회하실 것입니다. 지금 죽이십시오."

그러나 부차는 듣지 않았어요. 가까스로 목숨을 건져 월나라로 돌아온 구천은 수치심과 복수심에 잠을 잘 수가 없었어요. 쓸개를 매달아 두고 날마다 핥았어요. 음식을 먹을 때에도 먼저 쓸개를 핥고 나서 "구천아! 너는 회계산의 수치를 잊었느냐!"라고 소리치며 복수를 다짐했어요. 이를 눈치 챈 오자서가 부차에게 구천을 조심하도록 일렀으나 부차는 듣지 않았어요. 이십여 년 후에 구천은 오나라의 수도인 고소까지 밀고 들어가 부차의 무릎을 꿇게 했어요. 부차는 스스로 목숨을 끊었어요.

**박쌤 평설**

와신상담은 두 사람의 이야기를 합쳐 놓은 것입니다. 장작더미에 누워 복수의 칼을 간 것은 부차였고, 쓸개를 핥으며 치욕을 잊지 않은 것은 부차에게 패한 구천입니다.

## 어휘 더 배우기

- 유 절치부심(切齒腐心): 몹시 분해서 이를 갈며 속을 썩인다는 뜻이에요.
- 유 자강불식(自强不息): 스스로 힘써 몸과 마음을 가다듬어 쉬지 않는다는 뜻이에요.
- 유 발분망식(發憤忘食): 끼니까지 잊을 정도로 어떤 일에 열중하여 노력한다는 뜻이에요.

유는 유사한 말

## 고사성어 따라 쓰기

'와신상담'의 겉뜻과 속뜻을 소리 내어 읽고, 정성껏 두 번 따라 써 보세요.

**와신상담 臥薪嘗膽** 겉뜻 장작더미에 눕고 쓸개를 맛보다.

속뜻 어떤 목적을 이루기 위해 괴로움이나 고통을 참고 견딘다는 뜻입니다.

①

②

## 꼭꼭 실력 다지기

**1** 앞의 글에서 '와신상담'의 뜻이 담긴 문장을 두 군데 찾아 밑줄을 그어 보세요.

**2** '와신상담'이 들어가는 짧은 문장을 만들어 보세요.

예시 영수는 중간고사를 망친 후 와신상담하며 밤새워 공부하고 있다.

## 내용 깊게 파고들기

1 부차는 아버지 원수를 갚기 위해 날마다 어떤 행동을 했나요?

2 오자서는 왜 부차에게 구천을 죽이라고 말했나요?

## 생각을 키우는 논술 글쓰기

1 (판단 능력 키우기) 싫어하는 사람에게 하는 가장 훌륭한 복수는 무엇이라고 생각하는지 써 보세요.

2 (주제 파악 능력 키우기) '와신상담' 이야기를 통해 배운 교훈은 무엇인지 생각해 써 보세요.

## 고사성어 실력 확인 ③

**1 각 고사성어와 그에 맞는 속뜻을 찾아 선으로 이어 보세요.**

| | |
|---|---|
| 관포지교 • | • 사방이 적으로 둘러싸여 꼼짝하지 못하는 상태. |
| 삼고초려 • | • 인재를 얻기 위해 상대방에게 예를 다하는 태도 |
| 사면초가 • | • 무슨 일이든 중단 없이 노력하면 반드시 이루어진다. |
| 우공이산 • | • 어떤 목적을 이루기 위해 괴로움이나 고통을 참고 견딘다. |
| 와신상담 • | • 아주 친한 사귐. |

**2 '삼고초려'에 나오는 유비와 제갈량의 만남을 상상하여 그려 보세요. 말풍선을 이용해 대화를 넣어도 좋습니다.**

# 6주

# 고사성어 익히고, 글쓰기 활동하기

- 26일차 괄목상대 刮目相對
- 27일차 지록위마 指鹿爲馬
- 28일차 호가호위 狐假虎威
- 29일차 마부작침 磨斧作針
- 30일차 단사표음 簞食瓢飮

무식한 여몽이 달라지다,

# 괄목상대 刮目相對

비빌 괄 눈 목 서로 상 대할 대

눈[目]을 비비고[刮] 상대방을 바라보다[相對]. 상대방의 재주나 학문이 믿을 수 없을 정도로 달라져 눈을 비비고 다시 보게 된다는 뜻이에요.

**등장인물**

**손권:** 오나라의 장군. 조조의 군대를 무찌르고 후에 황제의 자리에 오름.

**여몽:** 손권의 부하 장군. 손권의 권유로 열심히 공부해 실력이 크게 늘어남.

손권은 삼국 시대 오나라 장군이에요. 그의 부하 중에 여몽이 있었어요. 여몽은 가난한 집안에서 태어나 의지할 곳 없이 오로지 무술만 갈고 닦았어요. 그러다 보니 글을 제대로 읽을 줄 몰라 아는 것이 없었어요. 손권은 그런 여몽이 늘 안타까웠어요. 어느 날 손권은 여몽을 불러 조언했어요.

"이보게, 여몽. 자네가 배움만 풍부하다면 나라를 위해 더 큰일을 할 수 있을 걸세. 글을 배워 지식을 쌓도록 하게."

"이제 와서 어떻게 글을 배웁니까? 저는 할 일도 많은 데다 글을 배울 시간도 없습니다."

여몽이 핑계를 대자 손권은 크게 꾸짖었어요.

"자네가 일이 많다고 해서 나만큼 많겠는가? 공자께서도 하루 종일 먹지도 않고 잠도 자지 않으면서 아무 이익이 없는 것보다는 책을 읽는 것이 낫다고 하셨네. 한나라의 광무제는 전쟁 중에도 손에서 책을 놓지 않았고, 위나라 조조도 스스로 배우기를 즐긴다고 하였네. 제발 자네도 책 좀 읽어 자신을 발전시키게."

이 말에 여몽은 크게 부끄러워졌어요. 그 후 곧바로 집으로 돌아가 문을 걸어 잠그고 글자를 배우고, 닥치는 대로 책을 읽었어요.

평소에 여몽을 얕잡아 보던 노숙이란 사람이 있었어요. 노숙은 여몽의 얼굴이 나날이 온화해지고, 지식이 풍부해지는 것을 보고 깜짝 놀랐어요.

"솔직히 나는 자네가 무술만 아는 무식한 사람이라고 생각했는데, 요즈음 보니 지혜롭고 똑똑한 사람이 되었군. 그대는 옛날의 여몽이 아니야."

여몽은 빙그레 웃었어요.

"선비는 헤어진 지 사흘이 지나면 눈을 비비고 대할 정도로 변해야 하는 것 아니겠는가?"

훗날 여몽은 다재다능한 능력을 펼쳐 높은 자리에 올랐고, 촉나라의 관우를 사로잡는 등 큰 공을 세워 명장으로 불리게 되었어요.

**박쌤 평설**

구박을 받았다고 해서 크게 마음 상할 필요는 없습니다. 오히려 그 마음의 상처를 잘 다스리면 분발해서 끝까지 도전하고자 하는 마음도 생깁니다. 그 도전은 상대방으로 하여금 눈을 비비고 다시 쳐다보게 만들어 줍니다.

## 어휘 더 배우기

- 유 일취월장(日就月將): 나날이 다달이 자라거나 발전한다는 뜻이에요.
- 유 일신우일신(日新又日新): 날마다 새로워지고 또 날마다 새로워진다는 뜻이에요.

유는 유사한 말

## 고사성어 따라 쓰기

'괄목상대'의 겉뜻과 속뜻을 소리 내어 읽고, 정성껏 두 번 따라 써 보세요.

**괄목상대 刮目相對** 겉뜻 눈을 비비고 상대방을 바라보다.

속뜻 상대방의 재주나 학문이 믿을 수 없을 정도로 달라져 눈을 비비고 다시 보게 된다는 뜻입니다.

①

②

## 꼭꼭 실력 다지기

**1** 앞의 글에서 '괄목상대'의 뜻이 담긴 문장을 찾아 밑줄을 그어 보세요.

**2** '괄목상대'가 들어가는 짧은 문장을 만들어 보세요.

예시 준선이는 피나는 노력을 한 결과 수학 실력이 괄목상대했다.

## 내용 깊게 파고들기

**1** 손권은 왜 여몽을 타일렀나요?

**2** 노숙이 여몽을 얕잡아 본 이유는 무엇인가요?

## 생각을 키우는 논술 글쓰기

**1** (비판 능력 키우기) 나보다 실력이 못하다고 해서 다른 사람을 무시해서는 안 되는 이유를 써 보세요.

**2** (적용 능력 키우기) 열심히 노력해서 괄목상대한 경험이 있다면 써 보세요.

사슴을 말이라고 하다,

# 지록위마 指鹿爲馬

가리킬 지 사슴 록 할 위 말 마

사슴[指]을 가리켜[鹿] 말[馬]이라고 하다[爲]. 거짓된 것으로 남을 속인다는 뜻이에요.

**등장인물**

**진시황제:** 중국을 처음으로 통일한 황제. 나라를 살피러 돌아다니다가 길에서 죽음.

**조고:** 진시황제가 죽자 권력을 쥐려고 음모를 꾸며 많은 사람을 죽인 나쁜 정치인.

**호해:** 진시황제의 뒤를 이어 2대 황제에 오른 사람. 못된 정치를 일삼음.

진시황제는 중국 최초로 통일 국가를 세운 임금이에요. 진시황제는 죽지 않으려고 갖은 노력을 했지만, 나라를 순찰 다니던 도중에 길에서 병에 걸려 죽었어요. 진시황제의 신하 중에는 남몰래 야심이 많았던 조고(趙高)가 있었어요. 조고는 진시황제의 유서를 거짓으로 꾸며 맏아들인 부소 태자를 스스로 죽게 하고 나이가 어린 호해를 황제로 만들었어요. 그러고는 호해 뒤에서 실제 권력을 휘둘렀어요.

조고는 2대 황제인 호해까지 밀어내고 자신이 황제가 되고 싶었어요. 그는 반란을 일으키면 어떤 신하가 자기 편이 될지 궁금해서 한 가지 꾀를 냈어요.

어느 날 조고는 호해에게 사슴 한 마리를 바치며 말했어요.

"전하, 전하께 잘 어울리는 말을 바치옵니다."

호해는 깔깔 웃었어요.

"하하, 승상은 이상한 소리를 하는군. 사슴을 가리켜 말이라고 하다니."

조고가 계속 말이라고 우기자 호해는 신하들에게 말인지 사슴인지를 물었어요. 조고가 두려워 아무 말도 하지 않고 가만히 있는 신하도 있었고, 곧이곧대로 사슴이라고 말하는 신하도 있었어요. 조고는 사슴이라고 바른말을 한 신하들을 기억해 두었어요. 그리고 나중에 그 신하들에게 억지 죄를 씌워 모두 죽여 버렸어요. 그 이후로는 조고가 무슨 말을 하든지 아무도 반대하는 사람이 없어졌어요.

나중에 조고는 호해를 죽이지만, 자신도 다른 사람에게 죽임을 당해요.

**박쌤 평설**

현실에는 권력을 이용해서 뻔한 거짓말로 우기는 사람들이 있습니다. 그러나 손바닥으로 해를 가린다고 해서 해를 덮을 수 있는 것은 아닙니다. 권력과 힘을 가지고 있다면 겸손하게 사용할 줄 알아야 합니다.

## 어휘 더 배우기

- 유 아전인수(我田引水): 제 논에 물대기. 어떤 일을 자기에게 이롭게 되도록 한다는 뜻이에요.
- 유 견강부회(牽强附會): 근거가 없고 이치에 맞지 않는 것을 억지로 끌어대어 자신에게 유리하도록 하는 것이에요.

유는 유사한 말

## 고사성어 따라 쓰기

'지록위마'의 겉뜻과 속뜻을 소리 내어 읽고, 정성껏 두 번 따라 써 보세요.

**지록위마 指鹿爲馬** 겉뜻 사슴을 가리켜 말이라고 하다.

속뜻 거짓된 것으로 남을 속인다는 뜻입니다.

①

②

## 꼼꼼 실력 다지기

1 앞의 글에서 '지록위마'의 뜻이 담긴 문장을 찾아 밑줄을 그어 보세요.

2 '지록위마'가 들어가는 짧은 문장을 만들어 보세요.

예시 그 사람, 권력자에게 붙어 지록위마를 일삼더니 결국 망했네.

## 내용 깊게 파고들기

**1** 조고는 호해에게 사슴을 바치며 무엇이라고 말했나요?

**2** 조고의 물음에 신하들은 왜 바른말을 하지 못했나요?

## 생각을 키우는 논술 글쓰기

**1** (비판 능력 키우기) 사슴을 말이라고 하여 자기 편을 가려 낸 조고의 행동에 대한 나의 생각을 써 보세요.

**2** (주제 파악 능력 키우기) '지록위마' 이야기가 주는 교훈은 무엇인지 써 보세요.

여우가 호랑이를 이기다,

# 호가호위 狐假虎威

여우 호 빌릴 가 범 호 위세 위

여우[狐]가 호랑이의 위세[虎威]를 빌리다[假]. 남의 권세를 빌려 허세를 부린다는 뜻이에요.

**등장인물**

**호랑이:** 짐승의 왕. 힘이 가장 세지만 약간 어리숙함.

**여우:** 꾀가 많고 영리한 동물.

호랑이는 짐승의 왕으로 불려요. 모든 동물은 호랑이를 보면 벌벌 떨며 꼼짝 못 하지요. 어느 날 호랑이가 잠시 쉬고 있던 여우를 단숨에 덮쳤어요.

"어흥! 너를 잡아먹겠다."

여우는 꼼짝없이 호랑이 먹이가 될 처지에 놓였어요. 하지만 호랑이에게 물려 가도 정신만 차리면 사는 법. 호랑이에게 먹히려는 찰나, 여우에게 문득 좋은 꾀가 떠올랐어요. 여우는 호랑이에게 당당하게 말했어요.

"너는 감히 나를 잡아먹을 수 없다. 옥황상제께서 나를 온갖 동물의 왕으로 세워 주셨기 때문이다. 네가 나를 잡아먹는다면 천벌을 받을 것이다."

호랑이는 코웃음을 쳤어요.

"흥, 네가 살려고 잔꾀를 부리는구나. 어림없다."

하지만 여우는 침착하게 말했어요.

"못 믿겠으면 내가 앞장서서 갈 테니 너는 내 뒤를 따라와 보거라. 나를 보고 달아나지 않는 동물이 없을 것이다."

호랑이는 속는 셈 치고 따라가 보기로 했어요. 여우는 호랑이를 뒤에 세우고 앞장서

서 걸었어요. 그랬더니 정말로 모든 짐승이 여우를 보자마자 부리나케 달아났어요. 그 모습에 당황한 호랑이는 여우를 놓아 주었어요. 호랑이는 짐승들이 자신을 무서워해 달아나는 줄도 모르고, 정말 여우가 무서워 달아난다고 생각한 것이었어요.

**박쌤 평설**

아무 실력도 없으면서 힘센 사람의 힘을 빌려 거만하게 잘난 체하며 제멋대로 행동하는 사람을 호가호위한다고 말합니다. 실력을 탄탄하게 쌓아서 자신의 힘으로 당당하게 살아가는 사람이 멋진 사람입니다.

## 어휘 더 배우기

- **속** 호랑이 없는 곳에 토끼가 왕 노릇 한다: 뛰어난 사람이 없는 곳에서 보잘것없는 사람이 득세한다는 뜻이에요.
- **속** 원님 덕에 나발 분다: 남의 위세 덕분에 자기까지 덩달아 호강한다는 뜻이에요.
- **유** 지록위마(指鹿爲馬): 남의 힘을 빌어 함부로 권세를 휘두른다는 뜻이에요.

속은 속담, 유는 유사한 말

## 고사성어 따라 쓰기

'호가호위'의 겉뜻과 속뜻을 소리 내어 읽고, 정성껏 두 번 따라 써 보세요.

**호가호위 狐假虎威** **겉뜻** 여우가 호랑이의 위세를 빌리다.

**속뜻** 실력도 없으면서 남의 힘을 빌려 허세를 부린다는 뜻입니다.

①

②

## 꼭꼭 실력 다지기

**1** 앞의 글에서 '호가호위'의 뜻이 담긴 문장을 찾아 밑줄을 그어 보세요.

**2** '호가호위'가 들어가는 짧은 문장을 만들어 보세요.

**예시** 친구 이름에 기대어 호가호위할 생각은 하지 말아라.

## 내용 깊게 파고들기

**1** 여우는 호랑이에게 자신이 누구라고 거짓말을 했나요?

**2** 호랑이는 왜 여우를 풀어 주었나요?

## 생각을 키우는 논술 글쓰기

**1** (비판 능력 키우기) 여우처럼 남의 힘을 빌려 문제를 해결하는 행동에 대해 어떻게 생각하나요?

**2** (이해 능력 키우기) 호랑이는 어떤 점에서 어리석은가요?

도끼로 바늘을 만든 할머니,

# 마부작침 磨斧作針

갈 마 도끼 부 만들 작 바늘 침

도끼[斧]를 갈아[磨] 바늘[針]을 만들다[作]. 아무리 힘든 일도 꾸준히 노력하면 언젠가는 이루어진다는 뜻이에요.

**등장인물**

**이백:** 당나라의 시인. 낭만적인 시를 잘 써서 시선(詩仙)으로 불림.

**두보:** 당나라의 시인. 시의 성인이라는 뜻인 시성(詩聖)으로 불림.

**할머니:** 무엇이든 꾸준히 노력하여 이루는 사람.

당나라의 이백은 두보와 더불어 중국의 양대 산맥을 이루는 유명한 시인이에요. 시를 낭만적으로 잘 지어서 시의 신선, 곧 시선(詩仙)으로 불렸어요. 이백은 책을 즐겨 읽었고 성격이 시원하고 너그러웠으며 남에게 베풀기를 좋아했어요.

이백이 촉나라에서 자랄 때 일이에요. 이백은 더 열심히 배우고 싶어서 집을 떠나 상의산으로 들어갔어요. 그곳에서 매일 책과 씨름하며 보냈어요. 그러나 이백은 어릴 적에는 공부보다는 놀기를 좋아하였고 끈기도 없었어요.

하루는 이백이 공부에 싫증이 났어요. 이백은 집으로 돌아갈 결심을 하고 산 아래로 내려갔어요. 그런데 도중에 머리가 하얗게 센 할머니가 바위에 도끼를 갈고 있는 모습을 보았어요.

이백은 이상하다고 생각했어요.

"할머니, 지금 무얼 하시는 거예요?"

할머니는 도끼를 가는 손길을 멈추지 않으며 말했어요.

"바늘을 만들려고 도끼를 갈고 있단다."

이백은 황당했어요.

"예? 이렇게 굵은 도끼를 갈아 바늘을 만든다고요?"

"그렇단다. 중간에 그만두지 않으면 언젠가는 만들 수 있지."

이백은 할머니의 말에 큰 깨달음을 얻었어요. 그는 그길로 마음을 고쳐먹고 발길을 돌려 산으로 다시 올라갔어요. 그때부터 이백은 뜻을 굳건히 세우고 배움에 힘써 중국 문학사상 가장 뛰어난 시인이 되었어요.

**박쌤 평설**

기적을 일으키는 것은 외부의 현실이 아니라 내 의지에 달려 있습니다. 포기하지 않고 끊임없이 도전하면 언젠가는 도끼로 바늘을 만들 수 있습니다.

## 어휘 더 배우기

- 유 수적천석(水滴穿石): 낙숫물이 바위를 뚫는다. 물방울이라도 끊임없이 떨어지면 돌에 구멍을 뚫는다는 뜻으로, 무슨 일이든 끈기 있게 밀고 나가면 성공한다는 뜻이에요.
- 유 적토성산(積土成山): 흙을 쌓아 산을 이룬다. 작은 것도 많이 모이면 커진다는 뜻이에요.

유는 유사한 말

## 고사성어 따라 쓰기

'마부작침'의 겉뜻과 속뜻을 소리 내어 읽고, 정성껏 두 번 따라 써 보세요.

**마부작침 磨斧作針** 겉뜻 도끼를 갈아 바늘을 만들다.

속뜻 아무리 힘든 일도 꾸준히 노력하면 언젠가는 이루어진다는 뜻입니다.

①

②

## 꼭꼭 실력 다지기

**1** 앞의 글에서 '마부작침'의 뜻이 담긴 문장을 찾아 밑줄을 그어 보세요.

**2** '마부작침'이 들어가는 짧은 문장을 만들어 보세요.

예시 아무리 머리가 나빠도 마부작침의 자세로 노력하면 꼭 성공할 거야.

## 내용 깊게 파고들기

1 이백은 왜 일찍 집으로 돌아갈 결심을 했나요?

2 이백은 할머니의 말에 어떤 깨달음을 얻었나요?

## 생각을 키우는 논술 글쓰기

1 (비판 능력 키우기) 불가능해 보이는 일이 있을 때 끝까지 도전하는 것은 용기일까요, 무모한 행동일까요? 내 생각을 써 보세요.

2 (이해 능력 키우기) 도끼를 갈아서 바늘을 만든 할머니의 행동이 주는 교훈은 무엇인지 생각해 써 보세요.

누추해도 즐거우리,

# 단사표음 簞食瓢飮

대그릇 단 밥 사 표주박 표 마실 음

대그릇[簞]에 담은 밥[食]과 표주박[瓢]의 물[飮]. 대그릇의 밥과 표주박의 물은 변변하지 못한 음식이나 가난한 생활을 뜻해요. 가난한 삶이라도 즐거이 여기며 사는 생활을 가리켜요.

**등장인물**

**공자:** 중국의 춘추전국시대 유학자. 유학에서 가장 위대한 성인으로 떠받드는 사람.

**안회:** 공자가 가장 아끼는 제자. 덕의 실천이 가장 뛰어남.

유학의 성인인 공자에게는 약 3,000명의 제자가 있었어요. 수많은 제자 중에서도 공자는 자신보다 서른한 살이나 어린 안회를 특별히 '어진 사람'이라고 부르며 아꼈어요. 다른 제자들에겐 종종 야단도 치고 훈계도 했지만 안회만큼은 칭찬을 더욱 많이 했어요. 공자는 안회의 맑은 정신을 좋아하고 인정했어요. 안회는 배움을 좋아했을 뿐만 아니라 가난을 편안하게 여기며 도를 즐기는 안빈낙도(安貧樂道)의 정신을 갖고 있었어요. 공자의 제자 가운데 한 사람인 자공도 안회에 대해 '하나를 들으면 열을 아는 사람'이라며 인정했어요. 하지만 안회는 너무 가난해서 끼니도 제대로 잇지 못했어요. 평생 술지게미조차 배불리 먹어

본 적이 없었어요. 하지만 그런 상황에서도 늘 웃음을 잃지 않고 즐거운 마음으로 살았어요.

그런 안회의 모습을 지켜보던 공자가 어느 날 말했어요.

"안회야, 한 소쿠리의 밥과 한 표주박의 물을 마시면서 누추한 곳에 살게 되면 보통 사람들은 걱정하면서 힘들어하는데 안회는 즐거움을 잃지 않으니 참으로 어질구나!"

안회는 불과 스물아홉 살의 나이에 벌써 머리가 하얗게 세었어요. 그리고는 불과 서른한 살의 나이로 공자보다 먼저 세상을 떠나고 말았어요. 그때 공자는 "하늘이 나를 버렸구나!"라고 통곡하며 안회의 죽음을 매우 안타까워했어요.

**박쌤 평설**

아무리 물질이 중요한 시대라지만 안회의 가난하지만 즐거운 삶은 우리에게 깊은 깨달음을 줍니다. 인간의 진정한 즐거움은 어떤 상황도 긍정할 수 있는 마음가짐에 있습니다.

## 어휘 더 배우기

- 유 안빈낙도(安貧樂道): 가난한 생활을 하면서도 편안한 마음으로 도를 즐겨 지킨다는 뜻이에요.
- 유 안분지족(安分知足): 편안한 마음으로 제 분수를 지키며 만족할 줄 안다는 뜻이에요.

유는 유사한 말

## 고사성어 따라 쓰기

'단사표음'의 겉뜻과 속뜻을 소리 내어 읽고, 정성껏 두 번 따라 써 보세요.

**단사표음 簞食瓢飮** 겉뜻 대그릇에 담은 밥과 표주박의 물.

속뜻 가난한 삶이라도 즐거이 여기며 사는 생활을 뜻합니다.

①

②

## 꼭꼭 실력 다지기

**1** 앞의 글에서 '단사표음'의 뜻이 담긴 구절을 찾아 밑줄을 그어 보세요.

**2** '단사표음'이 들어가는 짧은 문장을 만들어 보세요.

예시 우리 할아버지, 할머니는 시골에서 단사표음의 삶을 살아가신다.

## 내용 깊게 파고들기

1 공자가 많은 제자 중 안회를 가장 아낀 이유는 무엇인가요?

2 안회는 가난한 생활 속에서 어떤 태도를 가졌나요?

## 생각을 키우는 논술 글쓰기

1 (이해 능력 키우기) 평생을 가난하게 살며 배불리 먹지도 못했던 안회가 웃음을 잃지 않고 즐겁게 살 수 있었던 이유는 무엇이었을지 생각해 써 보세요.

2 (비판 능력 키우기) 자신의 상항이나 처지에 만족하며 사는 것이 나을까요, 만족하지 않고 더욱 분발하는 것이 나을까요? 내 생각을 써 보세요.

## 고사성어 말하기

◆ 부모님이나 친구들에게 이번 주에 배운 고사성어 이야기와 뜻을 말로 설명할 수 있나요? 아래 다섯 개의 고사성어 중 3개 이상 도전해 보세요. 성공하면 고사성어 앞의 ▢안에 V표 하세요.

☐ **괄목상대** 刮目相對

☐ **지록위마** 指鹿爲馬

☐ **호가호위** 狐假虎威

☐ **마부작침** 磨斧作針

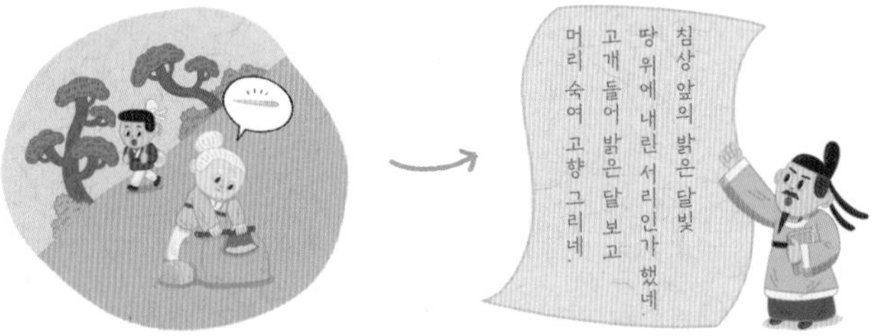


☐ **단사표음** 簞食瓢飮

# 정답 및 해설

## 창과 방패, 모순(矛盾)

**12p 꼭꼭 실력 다지기**

**1** 앞의 글에서 '모순'의 뜻이 담긴 문장을 찾아 밑줄을 그어 보세요.

답 어떤 방패도 뚫을 수 있다는 그 창으로 어떤 창도 막을 수 있다는 그 방패를 한번 찔러 보시오.

**2** '모순'이 들어가는 짧은 문장을 만들어 보세요.

예시 좋아하는 일을 해도 된다면서 게임 하는 것을 반대하는 것은 모순입니다.

**13p 내용 깊게 파고들기**

**1** 노인은 장사꾼의 말에서 어떤 점을 궁금해했나요?

답 어떤 방패도 뚫을 수 있는 창으로 어떤 창도 막을 수 있는 방패를 찌르면 어느 쪽이 이기는지 알고 싶어 했습니다.

**2** 노인의 질문을 들은 장사꾼은 어떤 행동을 보였나요?

답 우물쭈물 아무 말도 못한 채 물건을 챙겨서 슬그머니 사라졌습니다.

**13p 생각을 키우는 논술 글쓰기**

**1** 장사꾼이 노인의 질문에 슬그머니 사라진 이유를 생각해 써 보세요.

답 자신의 말이 앞뒤가 맞지 않아서 대답할 말도 없고 부끄럽고 민망했습니다.

**2** 말과 행동이 모순되지 않기 위해서는 어떤 노력이 필요한지 써 보세요.

답 말을 하기 전에 자신의 말이 옳은지 그른지 깊이 생각해 본 다음 말해야 합니다. 또한, 말에 그치지 않고 실천으로 이어질 수 있도록 노력해야 합니다.

## 자리 오른쪽에 새기다, 좌우명(座右銘)

**16p 꼭꼭 실력 다지기**

**1** 앞의 글에서 '좌우명'의 속뜻이 담긴 문장을 찾아 밑줄을 그어 보세요.

답 다 배웠다고 교만해지면 다시 쓰러진 항아리와 같이 반드시 재앙을 당하게 되는 법이니라.

**2** '좌우명'이 들어가는 짧은 문장을 만들어 보세요.

예시 좌우명은 만드는 것보다 실천하는 것이 더 어렵다.

**17p 내용 깊게 파고들기**

**1** 사람들은 왜 환공의 항아리를 신기해했을까요?

답 항아리가 텅 비어 있을 때는 기울어져 있다가 술을 반쯤 담그면 바로 서고, 술을 가득 채우면 다시 기울어졌기 때문입니다.

**2** 공자가 환공의 사당에 들러 항아리를 찾은 이유는 무엇인가요?

답 신기한 항아리를 직접 확인하고 싶어서였습니다. / 제자들에게 가르침을 주고 싶어서였습니다. (이와 유사한 답도 정답으로 인정해 주세요.)

**17p 생각을 키우는 논술 글쓰기**

**1** 술 항아리의 물을 반쯤 채우면 바로 서고, 가득 채

우면 다시 쓰러지는 것은 인간의 어떤 태도를 비유한 것일까요?

답 물이 반쯤 찬 것은 자신을 많이 비워 겸손한 태도를 비유한 것이고, 가득 채운 것은 다 배웠다며 교만한 태도를 비유한 것입니다.

2 나의 좌우명은 무엇인가요? 만약 없다면 좌우명을 만들어 써 보세요.

예 진실하게 살자, 나 자신을 사랑하자, 먼 것은 가까운 것이 쌓인 것이다 등등.(좌우명이 없으면 좌우명을 만들도록 부모님께서 도와주세요.)

## 원숭이를 속인 저공, 조삼모사(朝三暮四)

### 20p 꼼꼼 실력 다지기

1 앞의 글에서 '조삼모사'의 뜻이 담긴 문장을 찾아 밑줄을 그어 보세요.

답 도토리를 아침에는 세 개, 저녁에는 네 개씩 주겠다.

2 '조삼모사'가 들어가는 짧은 문장을 만들어 보세요.

예시 남을 속이는 조삼모사에 속지 않기 위해 생각하는 힘을 길러야 합니다.

### 21p 내용 깊게 파고들기

1 원숭이에게 줄 먹이가 떨어지자 저공은 무엇을 걱정했나요?

답 원숭이들이 화를 내며 자신을 따르지 않을까 봐 걱정되었습니다.

2 도토리를 아침에 세 개, 저녁에 네 개씩 주겠다는 저공의 말에 원숭이들은 왜 화를 냈나요?

답 당장 눈앞의 숫자가 더 적어서 화를 냈습니다.

### 21p 생각을 키우는 논술 글쓰기

1 '조삼모사'의 방법으로 원숭이들을 기쁘게 만든 저공의 꾀에 대해 어떻게 생각하나요?

예 ①먹이가 떨어졌고 다른 마땅한 방법이 없었으므로 불가피한 행동이라고 생각합니다. 그렇게 하지 않으면 원숭이들이 화를 낼 것이므로 잘한 행동이라고 생각합니다.
②얕은 수로 원숭이들을 속이려 한 행위이므로 잘못한 행동이라고 생각합니다.

2 눈앞의 이익을 좇다가 손해를 본 경험이 있다면 써 보세요.

예 밤 늦게까지 게임을 하다가 숙제를 하지 못해서 선생님께 혼났습니다.

## 큰 종이 쉬이 만들어지리, 대기만성(大器晚成)

### 24p 꼼꼼 실력 다지기

1 앞의 글에서 '대기만성'의 속뜻이 담긴 문장을 찾아 밑줄을 그어 보세요.

답 재능이 제대로 완성되어 제 몫을 다하려면 많은 시간이 필요하다.

2 '대기만성'이 들어가는 짧은 문장을 만들어 보세요.

예시 우리 삼촌은 마흔 살에 공무원 시험에 합격한 대기만성형 인물이시다.

### 25p 내용 깊게 파고들기

1 최염은 왜 사람들로부터 존경을 받았나요?

답 최염은 마음이 넓고 인격이 훌륭했습니다.

**2** 최림이 사람들로부터 놀림을 받은 이유는 무엇인가요?

답 최림은 똑똑하지도 않고 인품도 평범했으며 말주변도 신통치 않았습니다.

### 25p 생각을 키우는 논술 글쓰기

**1** 내 주위나 역사 속 인물 중 대기만성에 속하는 인물을 찾아 간단히 소개해 보세요.

예 ① 조선 중기의 김득신은 열심히 공부한 결과 쉰아홉에 비로소 과거에 합격했습니다.

② 중국의 태공망(강태공)은 위수에서 낚시만 하다가 일흔이 넘어서야 나라의 부름을 받아 뜻을 펼쳤습니다.

**2** '큰 그릇은 늦게 이루어진다'는 말과 '될성부른 나무는 떡잎부터 알아본다'는 말 중, 어느 쪽이 더 맞다고 생각하는지 이유와 함께 써 보세요.

예 ① 진짜 실력은 단기간에 이루어지는 것이 아니라 오랜 시간 반복되는 과정을 통해 완성되는 것이므로, 큰 그릇은 늦게 이루어진다는 말이 맞습니다.

② 재능이나 실력이 있는 사람이라면 그 재능은 금세 빛을 내기 마련이므로, 될성부른 나무는 떡잎부터 알아본다는 말이 맞습니다.

## 맹자 어머니가 세 번 이사하다, 맹모삼천(孟母三遷)

### 28p 꼭꼭 실력 다지기

**1** 앞의 글에서 '맹모삼천'의 뜻이 나타난 문장을 찾아 밑줄을 그어 보세요.

답 맹자 어머니는 다시 짐을 꾸려 세 번째로 이사를 갔어요.

**2** '맹모삼천'이 들어가는 짧은 문장을 만들어 보세요.

예시 우리 부모님은 맹모삼천 정신으로 나에게 좋은 교육 환경을 마련해 주셨다.

### 29p 내용 깊게 파고들기

**1** 맹자 어머니는 왜 세 번이나 이사를 갔나요?

답 자식을 교육하기에 적당한 곳을 찾기 위해서였습니다.

**2** 맹자 어머니가 서당 근처로 이사하고 나서 기뻐한 이유는 무엇인가요?

답 맹자가 날마다 글을 읽거나 예절 흉내를 내며 놀았기 때문입니다.

### 29p 생각을 키우는 논술 글쓰기

**1** 맹자는 가는 곳마다 그곳의 분위기에 휩쓸렸어요. 주변 환경에 아랑곳하지 않고 공부할 수 있는 방법에는 무엇이 있는지 써 보세요.

예 ① 공부를 해야 하는 목표를 분명하게 세우면 주변의 유혹을 이겨 낼 수 있습니다.

② 공부하는 시간과 노는 시간을 분명하게 구별해 놓고 공부할 때는 공부하고 놀 때는 놀면 됩니다.

**2** 아들의 교육을 위해 여기저기 이사를 다닌 맹자 어머니의 행동에 대해 어떻게 생각하나요?

예 ① 자식의 교육을 위해 정성껏 뒷바라지해 주는 헌신적인 행동입니다.

② 자식의 교육을 위해서라면 물불을 가리지 않는 극성 엄마의 모습이라고 생각합니다.

## 땅이 꺼지면 어찌 될까, 기우(杞憂)

34p 꼭꼭 실력 다지기

**1** 앞의 글에서 '기우'의 뜻이 담긴 문장을 찾아 밑줄을 그어 보세요.

답 기나라 사람은 항상 근심 걱정이 많았어요.

**2** '기우'가 들어가는 짧은 문장을 만들어 보세요.

예시 시험을 잘 못 볼까 봐 걱정한 것은 기우였다.

35p 내용 깊게 파고들기

**1** 기나라 사람은 무엇을 걱정했나요?

답 하늘이 무너져 내리면 어쩌나 땅이 푹 꺼지면 어디에 발을 디뎌야 하나 걱정했습니다.

**2** 기나라 사람은 어떻게 걱정에서 벗어날 수 있었나요?

답 친구의 말을 듣고 하늘이 무너지고 땅이 꺼질 염려가 없다는 것을 알았습니다.

35p 생각을 키우는 논술 글쓰기

**1** 일어나지 않은 일을 미리 걱정하는 것에 대해 어떻게 생각하나요?

예 혹시 일어날지도 모를 일을 미리 대비하는 것은 현명한 행동이지만, 일어나지 않을 일에 걱정해 봤자 일에 집중도 안 되고 정신 건강만 해칩니다. 그러므로 미리 걱정하는 것은 바람직하지 않습니다.

**2** 어떤 일에 대해 크게 걱정했지만 실제로 일어나지 않았던 경험이 있다면 써 보세요.

예 ① 중요한 시험을 앞두고 답안지를 밀려 쓰면 어쩌나 걱정했지만, 그런 일은 일어나지 않았습니다.

② 엄마가 아끼는 접시를 깨뜨려서 크게 혼날까 봐 걱정했지만, 엄마는 내가 다치지 않았는지를 먼저 물어봐 주셨습니다.

## 뱀에 발을 더하다, 사족(蛇足)

38p 꼭꼭 실력 다지기

**1** 앞의 글에서 '사족'의 뜻이 나타난 문장을 찾아 밑줄을 그어 보세요.

답 뱀에 발까지 그렸다.

**2** '사족'이 들어가는 짧은 문장을 만들어 보세요.

예시 불필요한 말을 줄이는 것도 사족을 피하는 길입니다.

39p 내용 깊게 파고들기

**1** 하인들이 뱀 빨리 그리기 내기를 한 이유는 무엇인가요?

답 술이 한 사람 마실 정도밖에 없어서 한 사람에게 몰아주기 위해서입니다.

**2** 뱀을 제일 먼저 그린 사람은 왜 술잔을 빼앗겼나요?

답 쓸데없이 뱀에 발까지 그렸기 때문입니다.

**39p 생각을 키우는 논술 글쓰기**

**1** 뱀에 발을 더 그리는 바람에 술을 먹지 못한 이야기가 주는 교훈은 무엇인지 생각해 써 보세요.

답 일을 할 때 필요없는 일을 보태거나 대화를 할 때 쓸데없는 말을 하면 큰 낭패를 당할 수 있습니다.

**2** 쓸데없는 말을 했다가 실수한 적이 있다면 그때의 상황과 느낀 점을 써 보세요.

예 한 모임에서 농담을 나누다가 A 친구의 약점을 이야기했는데, A 친구와 친한 친구가 화를 냈습니다. 이후로는 남 이야기를 함부로 해서는 안 된다는 것을 깨달았습니다.

## 흰 눈썹을 가진 사나이, 백미(白眉)

**42p 꼭꼭 실력 다지기**

**1** 앞의 글에서 '백미'의 뜻이 담긴 문장을 찾아 밑줄을 그어 보세요.

답 고향 사람들은 마량을 '흰 눈썹'이라는 뜻의 '백미(白眉)'로 불렀어요.

**2** '백미'가 들어가는 짧은 문장을 만들어 보세요.

예시 《삼국지》는 내가 읽은 이야기 책 중 백미이다.

**43p 내용 깊게 파고들기**

**1** 마량은 외모에 어떤 특징이 있었나요?

답 눈썹에 흰 털이 섞여 있었습니다.

**2** 마량의 형제에게는 어떤 공통점이 있었나요?

답 다섯 형제는 모두 별명에 상(常)자를 썼습니다

**43p 생각을 키우는 논술 글쓰기**

**1** 자신의 외모 중 감추고 싶은 부위가 있다면 어떻게 극복할지 생각해 써 보세요.

예 감추고 싶은 부위를 꽁꽁 감추려고 하면 더 위축될 수 있습니다. 감추지 말고 더 적극적으로 드러내고 당당하게 보여 주면 자신감이 생깁니다.

**2** '백미'가 되려면 어떤 노력이 필요한지 써 보세요.

답 남보다 뛰어난 실력을 갖추려면 자신이 하는 일에 열정을 갖고 남보다 더 열심히 노력해야 합니다.

## 넘치면 미치지 못한다, 과유불급(過猶不及)

**46p 꼭꼭 실력 다지기**

**1** 앞의 글에서 '과유불급'의 뜻이 담긴 문장을 찾아 밑줄을 그어 보세요.

답 지나친 것은 미치지 못한 것과 같다.

**2** '과유불급'이 들어가는 짧은 문장을 만들어 보세요.

예시 공부도 과유불급이면 건강을 해칠 수 있으므로 적당히 해야 한다.

**47p 내용 깊게 파고들기**

**1** 자장의 성격은 어떠했나요?

답 활달하고 적극적인 성격이었습니다.

**2** 공자는 왜 자장과 자하가 같다고 했나요?

답 공자는 너무 부족한 것도 문제지만 너무 지나친 것도 문제가 있다고 생각했기 때문입니다.

**47p 생각을 키우는 논술 글쓰기**

**1** 지나친 것보다 모자란 것이 더 나은 것에는 어떤 것이 있는지 생각해 써 보세요.

예 **욕심은 넘치는 것보다 모자란 것이 낫습니다. 음식은 지나치게 먹는 것보다 모자라게 먹는 것이 좋습니다.**

**2** 지나치면 좋은 것에는 어떤 것이 있는지 생각해 써 보세요.

예 **① 좌절한 사람에게 격려는 지나치게 해도 좋습니다.**

**② 책은 지나치게 읽어도 유익합니다.**

**③ 결석증 환자는 물을 지나치게 마셔도 좋습니다.**

## 잃어버린 칼, 각주구검(刻舟求劍)

**50p 꼭꼭 실력 다지기**

**1** 앞의 글에서 '각주구검'의 뜻이 담긴 문장에 밑줄을 그어 보세요.

답 **배에서 뛰어내려 표시한 곳 아래의 물속을 열심히 뒤졌어요.**

**2** '각주구검'이 들어가는 짧은 문장을 만들어 보세요.

예시 **훌륭한 정치인이 되어 되어 각주구검의 낡은 세상을 새롭게 바꾸고 싶습니다.**

**51p 내용 깊게 파고들기**

**1** 초나라 사람은 왜 다른 칼을 꺼내 배에 표시를 했나요?

답 **배가 강기슭에 닿으면 표시한 곳에서 칼을 찾기 위해서입니다.**

**2** 강기슭에 도착한 초나라 사람이 배에 표시한 곳 아래 물속에서 칼을 찾을 수 없었던 이유는 무엇인가요?

답 **칼은 떨어진 그 자리에 있지만 배는 칼이 떨어진 곳에서 멀어졌기 때문입니다.**

**51p 생각을 키우는 논술 글쓰기**

**1** 내가 초나라 사람이라면 어떤 방법으로 칼을 찾을지 설명해 보세요.

답 **배를 세워놓고 곧바로 물속으로 뛰어들어 칼을 찾을 것입니다.**

**2** 우리 생활이나 사회에서 '각주구검'의 모습을 보이는 예를 찾아 써 보세요.

예 **시대에 뒤떨어진 옛날의 관습을 그대로 지키려는 태도입니다. 예를 들어, 여자는 얌전하고 남자는 활달해야 한다는 생각 등이 있습니다.**

## 용문에 오른 물고기, 등용문(登龍門)

**56p 꼼꼼 실력 다지기**

1 앞의 글에서 '등용문'의 속뜻이 담긴 문장을 찾아 밑줄을 그어 보세요.

답 물살을 거슬러서 용문에 오르면 그 물고기는 용으로 변하여 하늘로 올라간다고 해요.

2 '등용문'이 들어가는 짧은 문장을 만들어 보세요.

예시 그 학원은 대학 입시의 등용문이다.

**57p 내용 깊게 파고들기**

1 이응은 왜 장삭의 목을 베었나요?

답 나쁜 짓을 저지르고 몰래 숨었기 때문입니다.

2 새로 들어온 관리들이 이응과 만나고 싶어 한 이유는 무엇인가요?

답 이응이 추천해 주면 장래를 확실하게 약속받는 지름길이 되기 때문입니다.

**57p 생각을 키우는 논술 글쓰기**

1 이응의 인정을 받은 선비들이 기뻐한 이유는 무엇인지 생각해 써 보세요.

답 이응은 청렴한 관리라서 정직하고 올바르게 사람을 대했습니다. 그러므로 이응의 인정을 받는다는 것은 여러 가지 검증을 뚫고 인품과 실력을 갖추고 있다는 것을 객관적으로 인정 받는 것과 같았습니다.

2 '용문에 들어갔다'는 말의 의미가 무엇인지 생각해 써 보세요.

답 용문(龍門)은 중국의 황하강 상류에 있는 계곡의 이름입니다. 용문의 물살을 거슬러서 용문에 오르면 그 물고기는 용으로 변하여 하늘로 올라간다고 합니다. 그러므로 용문에 오른다는 것은 어려운 관문을 통과하여 출세의 길로 들어서는 것을 의미합니다.

## 풀을 묶어서 갚은 은혜, 결초보은(結草報恩)

**60p 꼼꼼 실력 다지기**

1 앞의 글에서 '결초보은'의 뜻이 담긴 문장을 찾아 밑줄을 그어 보세요.

답 보답하고 싶어서 풀을 엮어 은혜를 갚은 것이오.

2 '결초보은'이 들어가는 짧은 문장을 만들어 보세요.

예시 나를 도와주신 분들에게는 결초보은의 마음을 가져야 한다.

**61p 내용 깊게 파고들기**

1 위과가 아버지의 마지막 유언이 아닌 첫 번째 유언을 따른 이유는 무엇일까요?

답 아버지가 정신이 맑을 때 하신 말씀이 진심이라고 생각했습니다.

2 위과의 꿈에 나온 노인은 왜 풀을 엮어서 위과를 도와주었나요?

답 자신의 딸 조희를 살려 준 은혜를 갚은 것입니다.

## 61p 생각을 키우는 논술 글쓰기

**1** '결초보은'의 이야기가 주는 교훈은 무엇인지 생각해 써 보세요.

**답** 노인은 위과가 잡히려고 할 때 풀을 엮어서 적장을 말에서 떨어지게 했습니다. 덕분에 위과는 전쟁에서 이길 수 있었습니다. 은혜는 잊지 않고 갚는 것이 좋습니다. 위과는 아버지의 후처를 살려 보낸 덕분에 후처 아버지의 도움을 받을 수 있었습니다. 누군가에게 고마운 일을 베풀면 언젠가는 보답을 받게 됩니다.

**2** 만약에 내가 위과라면 아버지의 첫 번째 유언을 따를 것인가요, 두 번째 유언을 따를 것인가요? 하나의 입장을 선택하고 왜 그렇게 생각했는지 써 보세요.

**예** ① 첫 번째 유언을 따를 것입니다. 생명을 살리려는 태도가 더 옳다고 생각하기 때문입니다. 혹은 첫 번째 유언이 정신이 맑은 상태에서 전달한 아버지의 진심이기 때문입니다.

② 두 번째 유언을 따를 것입니다. 왜냐하면 그 시대의 일반적인 관습을 따르는 것이 맞다고 생각하기 때문입니다.(두 번째와 같은 답을 한 학생의 경우 관습이 꼭 옳은 것은 아니라는 점을 설명해 주면 좋습니다.) 혹은 마지막 유언이 진짜 유언이라고 생각하기 때문입니다.(이 경우 아버지의 유언이라도 옳다고 생각하지 않으면 따르지 않아도 된다는 점을 설명해 주면 좋습니다.)

# 복이 될지 화가 될지?
# 새옹지마(塞翁之馬)

## 64p 꼭꼭 실력 다지기

**1** 앞의 글에서 '새옹지마'의 뜻이 담긴 문장을 찾아 밑줄을 그어 보세요.

**답** 어찌 알겠소? 이 일이 복이 될지. / 어찌 알겠소? 이 일이 화가 될지. / 어찌 알겠소. 이 일이 또한 복이 될지.

**2** '새옹지마'가 들어가는 짧은 문장을 만들어 보세요.

**예시** 새옹지마의 뜻을 마음에 담아 일희일비하지 않기로 했다.

## 65p 내용 깊게 파고들기

**1** 할아버지의 말이 오랑캐가 기르던 말을 데리고 왔을 때 왜 할아버지는 기뻐하지 않았나요?

**답** 앞으로 어떤 좋지 않은 일이 생길지 모른다고 생각했기 때문입니다.

**2** 할아버지의 아들이 전쟁터에 나가지 않은 이유는 무엇인가요?

**답** 오랑캐의 말을 타다가 떨어져 다리가 부러졌습니다.

## 65p 생각을 키우는 논술 글쓰기

**1** 할아버지가 말을 잃어버렸는데도 담담하게 반응한 이유를 생각해 써 보세요.

**답** 인생의 앞날은 알 수가 없어서 나쁜 일이 생겨도 다시 좋은 일이 일어날 수 있어서입니다.

**2** 할아버지와 이웃 사람들의 삶의 태도가 어떻게 다른지 생각해 써 보세요.

**예** 이웃 사람들은 그때그때 상황에 따라 마음이 바뀌었지만, 할아버지는 인생은 좋은 일과 나쁜 일이 번갈아 생긴다는 것을 잘 알고 있어서 사건을 담담하게 바라보았습니다.

## 조개와 황새의 싸움, 어부지리(漁父之利)

**68p 꼭꼭 실력 다지기**

1 앞의 글에서 '어부지리'의 뜻이 담긴 문장을 찾아 밑줄을 그어 보세요.

답 어부는 조개와 황새를 둘 다 잡아서 망태 속에 넣었어요.

2 '어부지리'가 들어가는 짧은 문장을 만들어 보세요.

예시 동생들이 다투어 엄마에게 야단맞느라 어부지리로 내가 컴퓨터를 독차지하게 됐다.

**69p 내용 깊게 파고들기**

1 조개는 왜 입을 꽉 다물고 놓지 않았을까요?

답 입을 벌리면 황새가 잡아먹기 때문입니다.

2 어부는 어떻게 조개와 황새를 모두 잡을 수 있었나요?

답 조개와 황새가 서로 양보하지 않고 입을 꽉 다물고 있었기 때문입니다.

**69p 생각을 키우는 논술 글쓰기**

1 조개와 황새는 어떻게 하면 어부에게 잡히지 않고 둘 다 살아날 수 있을까요?

답 조개와 황새가 양보해 조개는 입을 벌리고 황새는 조개를 먹지 않고 그 자리를 피하면 됩니다.

2 서로 양보하지 않으려다가 손해를 본 경험이 있다면 그 이야기와 느낀 점을 써 보세요.

예 과자를 두고 동생과 다투다가 엄마에게 빼앗긴 적이 있습니다. 동생과 사이좋게 나누었다면 과자를 먹을 수 있었을 것입니다. 조금씩 양보해야 서로에게 좋은 결과가 생긴다는 것을 깨달았습니다.

## 많으면 많을수록 좋다, 다다익선(多多益善)

**72p 꼭꼭 실력 다지기**

1 앞의 글에서 '다다익선'의 뜻이 담긴 문장을 찾아 밑줄을 그어 보세요.

답 많으면 많을수록 좋습니다.

2 '다다익선'이 들어가는 짧은 문장을 만들어 보세요.

예시 다다익선이라 친구를 많이 사귀었다.

**73p 내용 깊게 파고들기**

1 한고조 유방이 한신의 직위를 낮춘 이유는 무엇인가요?

답 똑똑한 한신이 위험한 인물로 보이기 시작해서였습니다.

2 한신은 한고조가 왜 자신보다 높은 자리에 있게 되었다고 했나요?

답 한고조가 장수를 누구보다 잘 거느렸을 뿐만 아니라 황제의 자리는 하늘이 주는 것이라고 생각하기 때문입니다.

**73p 생각을 키우는 논술 글쓰기**

1 많으면 많을수록 더 좋은 것에는 무엇이 있는지 생각해서 5개 이상 써 보세요.

예 인정, 인간애, 사랑, 희망, 친구, 공기 등

2 적으면 적을수록 더 좋은 것에는 무엇이 있는지 생각해서 5개 이상 써 보세요.

예 전쟁, 강도, 욕설, 나쁜 마음, 담배, 오염, 게으름, 살인 등

## 형 노릇 동생 노릇, 난형난제(難兄難弟)

**78p 꼭꼭 실력 다지기**

**1** 앞의 글에서 '난형난제'의 뜻이 담긴 문장을 찾아 밑줄을 그어 보세요.

답 **형인 진기는 훌륭한 동생인 진심의 형 노릇하기가 힘들 것이고, 동생인 진심은 훌륭한 형인 진기의 동생 노릇하기가 힘들 것이란 뜻이에요.**

**2** '난형난제'가 들어가는 짧은 문장을 만들어 보세요.

예시 **메시와 호날두는 축구계의 난형난제다.**

**79p 내용 깊게 파고들기**

**1** 진군과 진충이 싸운 이유는 무엇인가요?

답 **서로 자기 아버지가 더 낫다고 생각해서입니다.**

**2** 손자들의 질문에 진식은 왜 난처했나요?

답 **한쪽 편을 들어주면 다른 쪽이 서운해하기 때문입니다.**

**79p 생각을 키우는 논술 글쓰기**

**1** 할아버지 진식의 답변이 왜 지혜로운 대답이었는지 생각해 써 보세요.

답 **만약 어느 한 편이 낫다고 편들면 다른 쪽이 서운해하며 갈등이 일어날 수 있으므로 양쪽을 다 인정해 주며 다툼을 막았습니다.**

**2** 누가 더 낫고 못한지를 비교하는 태도가 어떤 점에서 좋고 나쁜지 써 보세요.

예 **좋은 점: 비교를 하면 더욱 분발하게 돼 실력을 높일 수 있습니다.**

**나쁜 점: 비교를 해서 남보다 못하면 열등감이나 질투심이 생기고, 남보다 나으면 남을 업신여기는 우월감이 생길 수 있습니다.**

## 오십보로 백보를 비웃다, 오십보백보(五十步百步)

**82p 꼭꼭 실력 다지기**

**1** 앞의 글에서 '오십보백보'의 뜻이 담긴 문장을 찾아 밑줄을 그어 보세요.

답 **백 걸음이나 오십 걸음이나 도망간 건 마찬가지니까요.**

**2** '오십보백보'가 들어가는 짧은 문장을 만들어 보세요.

예시 **시험에서 50점을 받으나 51점을 받으나 오십보백보다.**

**83p 내용 깊게 파고들기**

**1** 오십 걸음 도망친 사람과 백 걸음을 도망간 사람의 공통점은 무엇인가요?

답 **오십 걸음이나 백 걸음이나 도망간 건 마찬가지입니다.**

**2** 혜왕의 백성이 늘어나지 않은 이유는 무엇인가요?

답 **혜왕은 백성을 보살피는 정치가 아니라 군사력을 키우는 정치를 했습니다.**

**83p 생각을 키우는 논술 글쓰기**

**1** 내가 혜왕이라면 백성의 수를 늘리기 위해 어떤 정책을 펼칠지 구체적으로 써 보세요.

예 **전쟁을 준비하기 위해 백성들을 동원하는 정**

치를 하지 않고 백성의 삶을 우선으로 돌보는 정치를 할 것입니다. 흉년이나 태풍으로 백성들이 굶주리면 나라에서 식량을 지원해 주고 세금을 줄여 줄 것입니다. 자녀가 태어나면 일정한 나이가 될 때까지 나라에서 지원해 주고 강도나 도적이 침입하지 못하도록 보호해 줄 것입니다.

**2** 별 차이가 없는데도 남을 비웃은 경험이 있다면 그때의 상황과 느낀 점을 써 보세요.

예 친구가 수학 50점을 받아서 놀린 적이 있었는데, 성적표를 받아 보니 저는 60점이었습니다. 제가 부족한 점은 생각지 못하고 남의 모자란 점만 비난했다는 것을 깨닫고 반성했습니다.

## 용 눈동자에 점을 찍다, 화룡점정(畵龍點睛)

### 86p 꼭꼭 실력 다지기

**1** 앞의 글에서 '화룡점정'의 뜻이 담긴 문장을 찾아 밑줄을 그어 보세요.

답 용을 그리고 나서 눈동자를 완성하면 용이 하늘로 날아가 버립니다.

**2** '화룡점정'이 들어가는 짧은 문장을 만들어 보세요.

예시 학교 생활의 화룡점정은 방과 후 운동장에서 뛰노는 것이다.

### 87p 내용 깊게 파고들기

**1** 장승요는 왜 용의 눈동자를 그리지 않았나요?

답 눈동자를 완성하면 용이 하늘로 날아가 버리기 때문입니다.

**2** 사람들이 장승요의 말을 믿지 않았던 이유는 무엇인가요?

답 그림의 용이 살아 있는 용이 된다는 사실을 믿을 수가 없었기 때문입니다.

### 87p 생각을 키우는 논술 글쓰기

**1** 첫 시작과 끝마무리 가운데 무엇이 더 중요하다고 생각하는지 써 보세요.

예 ① 처음 발을 내딛을 때가 힘들 뿐 일단 발을 내딛으면 앞으로 나아가게 되어 있으므로 첫 시작이 더 중요합니다.

② 아무리 과정이 좋아도 마무리를 잘 못하면 성공한 것이 아니므로 끝마무리가 더 중요합니다.

**2** 마지막에 끝마무리를 잘하지 못해서 아쉬웠던 경험이 있나요? 있다면 그때의 상황과 느낀 점을 써 보세요.

예 실험 과제를 열심히 준비하다가 다른 일이 바빠서 마지막에 대충 끝냈더니 오류가 많은 보고서가 되었습니다. 끝마무리를 잘해야 한다는 걸 배웠습니다.

## 반딧불에 비춰 책을 읽다, 형설지공(螢雪之功)

### 90p 꼭꼭 실력 다지기

**1** 앞의 글에서 '형설지공'의 뜻이 담긴 문장을 찾아 밑줄을 그어 보세요.

답 반딧불이와 눈빛에 비추어 매일매일 공부한 결과, 두 사람은 자신이 원하는 목표를 이룰 수 있었어요.

**2** '형설지공'이 들어가는 짧은 문장을 만들어 보세요.

예시 우리 언니는 넉넉하지 못한 환경을 극복하

고, 형설지공으로 공부해 좋은 대학에 합격하였다.

**91p 내용 깊게 파고들기**

1 차윤은 왜 밤마다 반딧불이를 잡아서 공부했나요?

답 기름을 살 돈이 없어서 반딧불에 비추어 공부하기 위해서였습니다.

2 차윤과 손강의 공통점을 둘 이상 찾아 써 보세요.

답 집이 매우 가난했습니다. 기름을 살 돈이 없었습니다. 열심히 공부해서 높은 벼슬에 올랐습니다.

**91p 생각을 키우는 논술 글쓰기**

1 차윤과 손강이 가난한 현실에도 불구하고 성공할 수 있었던 이유를 생각해 써 보세요.

답 가난하다고 불평만 하지 않고 악조건 속에서도 공부할 방법을 궁리해 내어 열심히 공부한 결과, 원하는 목표를 이룰 수 있었습니다.

2 차윤과 손강의 이야기가 전하는 교훈은 무엇인지 써 보세요.

예 아무리 어려운 상황이라도 포기하지 않고 열심히 노력하면 언젠가는 목표를 이룰 수 있습니다.

## 물을 등지고 진 치다, 배수진(背水陣)

**94p 꼼꼼 실력 다지기**

1 앞의 글에서 '배수진'의 뜻이 담긴 문장을 찾아 밑줄을 그어 보세요.

답 병사 일만 명을 이끌고 강을 등진 채 진을 쳤어요.("오늘 장군께서는 물을 등지고 진을 치게 하셨습니다."도 정답으로 인정)

2 '배수진'이 들어가는 짧은 문장을 만들어 보세요.

예시 피구 경기에서 전세가 불리한 우리 팀은 배수진을 치고 열심히 싸웠다.

**95p 내용 깊게 파고들기**

1 병법서에서는 왜 물을 등지고 진을 치지 말라고 가르치나요?

답 싸움에 불리하면 도망할 길이 없어져 전부 죽을 수 있기 때문입니다.

2 한나라 군사들이 열 배 이상 많은 조나라 군사와 싸워도 불리하지 않았던 이유는 무엇일까요?

답 도망쳐 봤자 물귀신이 될 것이 뻔하므로 죽기 살기로 싸웠기 때문입니다.

**95p 생각을 키우는 논술 글쓰기**

1 한신이 병법서와 정반대로 배수진을 치고 싸운 까닭은 무엇인지 생각해 써 보세요.

답 도망칠 곳을 아예 없애 버려서 병사들이 죽을 힘을 다해 싸우도록 하기 위한 것입니다.

2 배수진을 쳐서 병사들을 죽을 상황에 놓이게 해 죽기 살기로 싸울 수밖에 없는 상황을 만든 한신을 장수로서 평가해 보세요.

예 ① 기존의 방법과는 반대로 해서 병사들의 능력치를 최대한 끌어올린 훌륭한 장수입니다.

② 자칫 병사들이 모두 죽을 수도 있는 위험한 상황에 빠뜨렸으므로 장수로서 자격이 부족합니다.

## 내 마음 알아준 오직 한 사람, 관포지교(管鮑之交)

**100p 꼼꼼 실력 다지기**

1 앞의 글에서 '관포지교'의 뜻이 담긴 문장을 찾아 밑줄을 그어 보세요.

답 나를 낳아 준 이는 부모님이지만, 나를 알아준 이는 포숙아입니다.

2 '관포지교'가 들어가는 짧은 문장을 만들어 보세요.

예시 10년째 친한 친구 사이인 나와 민호는 관포지교라 할 만하다.

**101p 내용 깊게 파고들기**

1 관중이 포숙아를 속일 때 포숙아는 왜 관중에게 따지지 않았나요?

답 관중의 상황을 잘 이해하고 믿어 주었기 때문입니다.

2 포숙아가 감옥에 갇힌 관중을 풀어 주고 환공에게 적극 추천한 이유는 무엇인가요?

답 관중이 재주가 많고 머리가 뛰어나서 나라를 위해 큰일을 할 사람임을 잘 알았기 때문입니다.

**101p 생각을 키우는 논술 글쓰기**

1 친구가 범죄를 저질렀을 때 숨겨 주는 것이 옳은가요, 신고하는 것이 옳은가요? 내 생각을 써 보세요.

예 ① 친구가 죗값을 받고 용서를 구할 수 있도록 신고하는 것이 옳습니다.

② 친구끼리는 잘못을 감싸 줄 수 있어야 하므로 숨겨 주는 것이 옳습니다.

2 친구 관계를 오래 유지하기 위해 조심해야 할 점은 무엇인지 생각해 써 보세요.

예 허물없는 사이라고 해서 함부로 대하거나 막말을 해서는 안 되고, 친한 사이일수록 더욱 아끼고 존중해 주어야 합니다.

## 인재를 얻는 방법, 삼고초려(三顧草廬)

**104p 꼼꼼 실력 다지기**

1 앞의 글에서 '삼고초려'의 뜻이 담긴 문장을 찾아 밑줄을 그어 보세요.

답 저의 초가를 세 번씩이나 찾아 주셨습니다.

2 '삼고초려'가 들어가는 짧은 문장을 만들어 보세요.

예시 삼고초려 하는 마음으로 친구에게 회장 출마를 권유했다.

**105p 내용 깊게 파고들기**

1 유비는 왜 세 번이나 제갈량의 집을 찾아갔나요?

답 제갈량을 자기 편으로 만들고 싶어서였습니다.

2 제갈량이 유비의 참모가 되기로 결심한 이유는 무엇인가요?

답 자신이 낮고 천한 신분임에도 직접 몸을 낮추어 세 번이나 초가를 찾아온 유비의 정성에 감동했기 때문입니다.

**105p 생각을 키우는 논술 글쓰기**

1 유비가 자신보다 신분이 낮은 제갈량에게 고개를 숙인 행동은 어떠한지 평가해 보세요.

예 목적을 이루기 위해 자존심을 굽히고 자신을

낮춘 행동은 현명한 태도입니다.

**2** 마음에 드는 사람을 내 편으로 만들 좋은 방법을 생각해 써 보세요.

예 ① 내가 먼저 손을 내밀고 상대방에게 다가섭니다.

② 친구가 좋아하는 취미를 함께합니다.

## 사방에서 들려오는 초나라 노래, 사면초가(四面楚歌)

### 108p 꼭꼭 실력 다지기

**1** 앞의 글에서 '사면초가'의 뜻이 담긴 문장을 찾아 밑줄을 그어 보세요.

답 한나라 군사들은 사방에서 초나라의 노래를 불렀어요.

**2** '사면초가'가 들어가는 짧은 문장을 만들어 보세요.

예시 시험을 코앞에 두고 교재도 잃어버리고, 눈병도 나서 사면초가다.

### 109p 내용 깊게 파고들기

**1** 유방은 왜 협정을 어기고 초나라 군대를 공격했나요?

답 초나라 군사들이 지치고 식량도 떨어져서 자신감이 땅에 떨어진 상태라, 이때를 이용해서 공격하면 전쟁에서 이길 수 있다고 생각했습니다.

**2** 항우가 모든 것이 끝났다고 생각한 이유는 무엇인가요?

답 한나라 병사들이 부르는 초나라의 고향 노랫소리를 듣고서 한나라가 자기 편 병사를 많이 붙잡았다고 생각했습니다.

### 109p 생각을 키우는 논술 글쓰기

**1** 한나라 군대가 왜 사방에서 초나라의 노래를 불렀는지 생각해 써 보세요.

답 지치고 굶주린 초나라 군사들에게 고향 노래를 들려주어 사기를 더욱 떨어뜨리기 위해서였습니다.

**2** 항우처럼 위기에 처할 때 '호랑이에게 물려 가도 정신만 차리면 산다'는 속담이 필요할지도 몰라요. 이 속담의 의미를 생각해 써 보세요.

답 호랑이에게 물려 가도 정신만 차리면 산다는 속담은 아무리 위급하고 힘든 상황일지라도 정신만 똑바로 차리면 위기에서 벗어날 수 있다는 뜻입니다.

## 산을 옮기는 믿음, 우공이산(愚公移山)

### 112p 꼭꼭 실력 다지기

**1** 앞의 글에서 '우공이산'의 뜻이 담긴 문장을 찾아 밑줄을 그어 보세요.

답 꾸준히 노력하다 보면 언젠가는 산을 옮길 수 있지 않겠어?

**2** '우공이산'이 들어가는 짧은 문장을 만들어 보세요.

예시 우공이산의 마음으로 열심히 줄넘기 연습을 한 결과 1,000개를 할 수 있게 되었다.

### 113p 내용 깊게 파고들기

**1** 지수는 왜 우공을 비웃었나요?

답 살아 있는 동안에 산을 옮기는 것은 불가능하므로 우공의 행동이 쓸데없는 짓이라고 생각했습니다.

2 옥황상제가 산을 옮겨 준 이유는 무엇인가요?

답 우공의 정성과 노력에 크게 감동했기 때문입니다.

113p 생각을 키우는 논술 글쓰기

1 우공은 어리석은 늙은이란 뜻입니다. 산을 옮긴다는 생각은 어리석어 보였지만 결국 우공은 자신의 목표를 이룰 수 있었습니다. 어리석어 보이는 우공이 목표를 이룰 수 있었던 이유는 무엇일까요?

답 우공은 포기하지 않고 꾸준히 노력하다 보면 언젠가는 반드시 산을 옮길 수 있다는 믿음이 있었습니다.

2 우공의 경우처럼 집 앞을 큰 산이 가로막아 불편하다면 나는 어떤 방법으로 해결할지 써 보세요.

답 동네 사람들과 마을 회의를 열어 방안을 마련한다. 산에 산길을 만든다. / 산에 모노레일을 만든다.(다양한 생각을 모두 답으로 인정해 줍니다.)

## 쓸개를 맛보며 잊지 않다, 와신상담(臥薪嘗膽)

116p 꼭꼭 실력 다지기

1 앞의 글에서 '와신상담'의 뜻이 담긴 문장을 두 군데 찾아 밑줄을 그어 보세요.

답 장작더미 위에 자리를 펴고 잠을 잤어요.
쓸개를 매달아 두고 날마다 핥았어요.

2 '와신상담'이 들어가는 짧은 문장을 만들어 보세요.

예시 우리 팀은 지난번 농구 경기의 패배를 설욕하기 위해 와신상담하며 매일 연습했다.

117p 내용 깊게 파고들기

1 부차는 아버지 원수를 갚기 위해 날마다 어떤 행동을 했나요?

답 장작더미 위에 자리를 펴고 잠을 잤습니다.

2 오자서는 왜 부차에게 구천을 죽이라고 말했나요?

답 오자서는 구천을 살려 두면 다시 복수를 당할 위험이 있다고 판단했습니다.

117p 생각을 키우는 논술 글쓰기

1 싫어하는 사람에게 하는 가장 훌륭한 복수는 무엇이라고 생각하는지 써 보세요.

예 가장 훌륭한 복수는 싫어하는 사람을 이해해 주고 인정하는 것입니다.

2 '와신상담' 이야기를 통해 배운 교훈은 무엇인지 생각해 써 보세요.

예 ① 복수는 또 다른 복수를 낳습니다. 그러므로 칼에는 칼로 복수하기보다는 화해와 용서를 선택하는 편이 현명합니다.
② 이겼다고 해서 방심하면 다시 질 수 있습니다. 겸손한 마음으로 실력을 쌓고 대비해야 합니다.

## 무식한 여몽이 달라지다,
## 괄목상대(刮目相對)

**122p 꼼꼼 실력 다지기**

**1** 앞의 글에서 '괄목상대'의 뜻이 담긴 문장을 찾아 밑줄을 그어 보세요.

답 선비는 헤어진 지 사흘이 지나면 눈을 비비고 대할 정도로 변해야 하는 것 아니겠는가?

**2** '괄목상대'가 들어가는 짧은 문장을 만들어 보세요.

예시 수진이는 바이올린 연습을 열심히 한 결과, 괄목상대하여 콩쿠르에서 대상을 받았다.

**123p 내용 깊게 파고들기**

**1** 손권은 왜 여몽을 타일렀나요?

답 여몽에게 배움만 풍부하다면 나라를 위해 더 큰일을 할 수 있을 것이라 믿었기 때문입니다.

**2** 노숙이 여몽을 얕잡아 본 이유는 무엇인가요?

답 노숙은 여몽이 무술만 아는 무식쟁이라고 생각했습니다.

**123p 생각을 키우는 논술 글쓰기**

**1** 나보다 실력이 못하다고 해서 다른 사람을 무시해서는 안 되는 이유를 써 보세요.

답 지금은 나보다 실력이 모자라도 언젠가는 나보다 더욱 실력이 뛰어난 사람이 될 수도 있습니다. 또한, 사람마다 장점이 다르므로 내가 잘하는 것으로 남의 모자란 것을 무시해서는 안 됩니다.

**2** 열심히 노력해서 괄목상대한 경험이 있다면 써 보세요.

예 ① 매일 두 시간씩 피아노 연습을 해서 '엘리제를 위하여'를 외워서 연주할 수 있게 되었습니다.
② 중간고사 때는 국어 70점을 받았는데, 열심히 노력해서 기말고사 때는 100점을 받았습니다.

## 사슴을 말이라고 하다,
## 지록위마(指鹿爲馬)

**126p 꼼꼼 실력 다지기**

**1** 앞의 글에서 '지록위마'의 뜻이 담긴 문장을 찾아 밑줄을 그어 보세요.

답 사슴을 가리켜 말이라고 하다니.

**2** '지록위마'가 들어가는 짧은 문장을 만들어 보세요.

예시 고양이를 보고 쥐라 하니 지록위마일세.

**127p 내용 깊게 파고들기**

**1** 조고는 호해에게 사슴을 바치며 무엇이라고 말했나요?

답 전하께 잘 어울리는 말을 바친다고 말했습니다.

**2** 조고의 물음에 신하들은 왜 바른말을 하지 못했나요?

답 바른말을 하면 조고가 자신을 해칠까 두려웠습니다.

**127p 생각을 키우는 논술 글쓰기**

**1** 사슴을 말이라고 하여 자기 편을 가려낸 조고의 행동에 대한 나의 생각을 써 보세요.

예 조고는 사슴을 가리켜 말이라고 거짓말을 했습니다. 그리고 자신의 권력을 무서워하는 신하를 자기 편으로 만들고 옳은 말을 하는 신하들은 몰래 죽였습니다. 정당하지 못한 방법으로 힘을 이용해 상대방을 죽이고 편을 가르는 행위는 해서는 안 되는 나쁜 짓입니다.

**2** '지록위마' 이야기가 주는 교훈은 무엇인지 써 보세요.

예 권력이 있다고 해서 힘을 함부로 휘둘러서는 안 되며 권력을 마음대로 쓰면 반드시 대가를 치르게 됩니다.

## 여우가 호랑이를 이기다, 호가호위(狐假虎威)

**130p 꼭꼭 실력 다지기**

**1** 앞의 글에서 '호가호위'의 뜻이 담긴 문장을 찾아 밑줄을 그어 보세요.

답 여우는 호랑이를 뒤에 세우고 앞장서서 걸었어요.

**2** '호가호위'가 들어가는 짧은 문장을 만들어 보세요.

예시 친한 친구가 회장이 되더라도 호가호위하면 안 된다.

**131p 내용 깊게 파고들기**

**1** 여우는 호랑이에게 자신이 누구라고 거짓말을 했나요?

답 옥황상제께서 자신을 동물의 왕으로 세워 주셨다고 거짓말했습니다.

**2** 호랑이는 왜 여우를 풀어 주었나요?

답 여우가 정말로 옥황상제가 세워 준 동물의 왕이라고 생각했습니다.

**131p 생각을 키우는 논술 글쓰기**

**1** 여우처럼 남의 힘을 빌려 문제를 해결하는 행동에 대해 어떻게 생각하나요?

예 ① 자신의 힘이 부족할 때 남의 힘을 빌려 문제를 해결하는 것도 좋은 방법이 될 수 있습니다.

② 자신의 힘이 부족하더라도 남의 힘을 빌려 문제를 해결하는 것은 바람직하지 않습니다. 모든 일은 자신이 주체적으로 해결해 나가야 합니다.

**2** 호랑이는 어떤 점에서 어리석은가요?

예 호랑이는 짐승들이 자신이 무서워 도망치는 줄도 모르고 여우가 무서워 도망치는 것으로 착각했습니다.

## 도끼로 바늘을 만든 할머니, 마부작침(磨斧作針)

**134p 꼭꼭 실력 다지기**

**1** 앞의 글에서 '마부작침'의 뜻이 담긴 문장을 찾아 밑줄을 그어 보세요.

답 중간에 그만두지 않으면 언젠가는 만들 수 있지.

**2** '마부작침'이 들어가는 짧은 문장을 만들어 보세요.

예시 마부작침의 자세로 꿈을 향해 노력하면 꼭 이루게 될 거야.

**135p 내용 깊게 파고들기**

**1** 이백은 왜 일찍 집으로 돌아갈 결심을 했나요?

답 이백은 공부에 싫증이 났습니다.

**2** 이백은 할머니의 말에 어떤 깨달음을 얻었나요?

답 중간에 그만두지 않으면 언젠가는 뜻을 이룬다는 깨달음을 얻었습니다.

### 135p 생각을 키우는 논술 글쓰기

**1** 불가능해 보이는 일이 있을 때 끝까지 도전하는 것은 용기일까요, 무모한 행동일까요? 각자의 생각을 써 보세요.

예 ① 불가능해 보이더라도 그 일이 옳다고 믿으면 끝까지 도전하는 것이 진정한 용기입니다.
② 되는 것과 안 되는 것을 잘 가릴 수 있어야 하므로 무모한 행위입니다.

**2** 도끼를 갈아서 바늘을 만들려는 할머니의 행동이 주는 교훈은 무엇인지 생각해 써 보세요.

예 아무리 어렵고 힘든 일이라도 중간에 포기하지 않고 끝까지 도전하면 언젠가는 목표를 이룰 수 있습니다.

## 누추해도 즐거우리, 단사표음(簞食瓢飮)

### 138p 꼼꼼 실력 다지기

**1** 앞의 글에서 '단사표음'의 뜻이 담긴 구절을 찾아 밑줄을 그어 보세요.

답 한 소쿠리의 밥과 한 표주박의 물

**2** '단사표음'이 들어가는 짧은 문장을 만들어 보세요.

예시 언니와 나는 함께 쓰는 방이 비좁고 불편해도 마음만은 단사표음으로 산다.

### 139p 내용 깊게 파고들기

**1** 공자가 많은 제자 중 안회를 가장 아낀 이유는 무엇인가요?

답 안회는 맑은 정신을 지닌 어진 사람이기 때문입니다.

**2** 안회는 가난한 생활 속에서도 어떤 태도를 가졌나요?

답 늘 웃음을 잃지 않고 즐거운 마음으로 살았습니다.

### 139p 생각을 키우는 논술 글쓰기

**1** 평생을 가난하게 살며 배불리 먹지도 못했던 안회가 웃음을 잃지 않고 즐겁게 살 수 있었던 이유는 무엇이었을지 생각해 써 보세요.

답 안회는 현재의 처지를 긍정적으로 생각하며 어떠한 형편이든지 삶을 즐길 줄 아는 마음을 갖고 있었습니다.

**2** 자신의 상황이나 처지에 만족하며 사는 것이 나을까요, 만족하지 않고 더욱 분발하는 것이 나을까요? 내 생각을 써 보세요.

예 인간의 욕심은 끝이 없으므로 아무리 더 채워도 만족할 수가 없습니다. 그러므로 현재의 처지에 만족할 줄 아는 태도가 필요합니다. 현재의 처지에 만족하면 안주하게 되고 게으르게 됩니다. 현재의 처지보다 더욱 나아지도록 분발하면서 사는 것이 좋습니다.